# Built On A Lie

# 建立在
# 谎言之上

## 传奇基金经理伍德福德盛衰记

The Rise and Fall of Neil Woodford
and the Fate of Middle England's Money

[英] 欧文·沃克（Owen Walker）◎著

徐云松◎译

中国出版集团
中译出版社

图书在版编目（CIP）数据

建立在谎言之上：传奇基金经理伍德福德德盛衰记 /
（英）欧文·沃克（Owen Walker）著；徐云松译 . -- 北
京：中译出版社，2023.6
书名原文：BUILT ON A LIE THE RISE AND FALL OF
NEIL WOOFORD AND THE FATE OF MIDDLE ENGLAND'S
MONEY
　　ISBN 978-7-5001-7361-8

　　Ⅰ . ①建… Ⅱ . ①欧… ②徐… Ⅲ . ①尼尔·伍德福
德—事迹 Ⅳ . ① K835.615.34

中国国家版本馆 CIP 数据核字（2023）第 050098 号

------------------------------------------------------------

BUILT ON A LIE: THE RISE AND FALL OF NEIL WOOFORD AND THE FATE OF
MIDDLE ENGLAND'S MONEY
© Owen Walker, 2021
International Rights Management: Susanna Lea Associates
The simplified Chinese translation copyright © 2023 by China Translation and Publishing House
ALL RIGHTS RESERVED
著作权合同登记号：图字 01-2023-0407

------------------------------------------------------------

**建立在谎言之上：传奇基金经理伍德福德德盛衰记**

JIANLI ZAI HUANGYAN ZHISHANG: CHUANQI JIJIN JINGLI WUDEFUDE
SHENGSHUAIJI

著　　　者：［英］欧文·沃克（Owen Walker）
译　　　者：徐云松
总 策 划：于　宇
策划编辑：于　宇　龙彬彬
责任编辑：李晟月
营销编辑：马　萱　纪菁菁　钟筏童
出版发行：中译出版社
地　　　址：北京市西城区新街口外大街 28 号 102 号楼 4 层
电　　　话：（010）68002494（编辑部）
邮　　　编：100088
电子邮箱：book @ ctph. com. cn
网　　　址：http : //www. ctph. com. cn

印　　　刷：固安华明印业有限公司
经　　　销：新华书店
规　　　格：787mm×1092mm　1/16
印　　　张：17.5
字　　　数：203 千字
版　　　次：2023 年 6 月第 1 版
印　　　次：2023 年 6 月第 1 次印刷

ISBN 978-7-5001-7361-8　　　　定价：79.00 元

中 译 出 版 社

本书谨献给我的母亲莎莉·弗莱·施瓦兹洛斯，
她是我写作的灵感之源和力量之基。

# 目　录

# 01

## 梅德斯通制造

从二级保护建筑塞申斯之家（Sessions House）的梅德韦房间敞开的窗户，可以听到梅德斯通皇家监狱的囚犯们在外面院子里锻炼的声音。塞申斯之家采用希腊复兴的建筑风格，曾经风光一时。这座建筑里散发着霉味的房间冬天阴冷，夏天闷热。1824年开始，它被用作地方法庭，犯人定罪后将被送入隔壁的监狱。后来，肯特郡议会（Kent County Council）搬进了这座令人生畏的建筑，在其作为市政中心的近两个世纪里，大量可以改变人们生活的决议出自这里。2018年11月16日上午，这里发生了涉及数亿英镑的金融危机。

　　这一天，议员、地方政府工作人员、退休议员和工会官员等形形色色的人聚集在一起，紧张地整理着他们的会议包。书架上摆满了旧书，墙上挂的多年前市长的黑白照片则俯视着会众。空气中弥漫着潮湿的味道。虽然肯特养老基金委员会的会议，通常都以谈论当地政治和市政厅事务开始，大家一边闲聊，一边喝着淡咖啡、吃着廉价饼干。但这一次，他们讨论的是同一个主题。出席会议的14名委员会成员和4名理事会官员即将决定是否解雇他们最喜欢的基金经理。

　　尼尔·伍德福德（Neil Woodford）是他那一代人中最著名的英

国投资者。三十多年来，英格兰中产阶级把自己辛苦积攒下来的钱托付给他，而他凭借多年经验以及巨额回报帮助这些储户们致富。媒体对他大胆投资和坚定信念的赞誉不亚于对他豪车和豪宅的赞扬：这位摇滚明星般的基金经理的生活方式与其财富极为匹配。他不仅是投资界的大腕儿，还对英国最大的公司具有影响力。在全国各地的董事会会议室里，他的暴躁脾气和为所欲为的强硬态度简直就是其他与会者的噩梦。

但最近发生的事情并未如他所愿。伍德福德的生意在近 18 个月的变化令人震惊，由于他最支持的企业倒闭，他的投资组合遭受重创。伍德福德用肯特的退休储蓄支持的公司包括 AA 公司（一家路边救援公司）、普罗维登特金融公司（Provident Financial）和凯德公司（Capita，一家英国国际化业务流程外包和专业服务公司），这些公司都因个人问题而举步维艰。与此同时，英国脱欧谈判方向的不确定性导致英国经济萎靡不振，他基金中的许多公司也深受影响。那一年，伍德福德的基金损失了近 17%，许多客户也都放弃了他。肯特养老基金委员会要求伍德福德参加 11 月份的会议，解释一下他糟糕的表现。

然而，当伍德福德在首席推销员威尔·迪尔（Will Deer）的陪同下昂首阔步地走进梅德韦房间时，人们看不出他有丝毫的忏悔之意。当伍德福德走进门时，胸脯宽阔，脖子粗壮，白发浓密，昂首阔步的样子就像一只斗牛犬。伍德福德是一名天生的运动家，年轻时是业余的橄榄球运动员，也是健身狂人。这一次这位趾高气扬的投资人放弃了他最喜欢的打扮——黑色紧身运动衫和牛仔裤，而是选择了蓝色西装、清爽挺拔的白衬衫和酒红色领带。这让他看起来像一个咄咄逼人的夜店保镖。但这身装束对于这位著名的基金经理来说并没有任何的违和感。如果说有什么异样的话，那就是他过于自信满满，显得如鱼得水。伍德福德最喜欢做的事情莫过于通过自己对所投公司的了解以及对市场和经济的预测来检验自己的能力。伍德福德不想闲聊，而是直接切入正题。

在没有演讲稿的情况下，伍德福德以其标志性的朴实风格为自己的投资进行了激烈的辩护。伍德福德对自己挑选公司的能力表现出了极大的信心，坚定地支持他投资的公司。他认为，尽管它们最近出现了一些问题，但最终会好转。他承认，在自己的职业生涯中有几个时期业绩不佳，但这反而会促使自己变得更加强大。肯特养老基金委员会所需要做的就是支持他，他们的耐心和忠诚会得到回报。委员会成员询问了伍德福德对英国脱欧问题的预期，以及他的投资组合将如何应对。伍德福德再次表示看好，他坚称一旦英国脱离欧盟，资金将从海外流入英国公司，他的基金就会反弹。当被问及从该基金撤资的规模时，他不屑一顾，傲慢地说那些提前离开的人在基金反弹时只会追悔莫及。

伍德福德自信的表现奏效了。肯特的受托人被说服，相信伍德福德正在经历的打击只是一段小插曲，一旦英国脱欧（定于 2019 年三月举行的活动），市场信心就会恢复，伍德福德的基金就会大幅飙升。投资者的压力就会缓解。这显然误导了他们，肯特的受托人继续支持伍德福德——这是一个他们后来会后悔的决定。

令肯特的受托人担忧的是，他们在伍德福德的基金中投入了2.63 亿英镑。交给这位投资大师的这些钱，本来是用于支付 13.5 万多名清洁工、图书管理员和当地政府工作人员的退休福利的。该基金的其他投资者撤出的资金越多，肯特养老基金就越困难。就像银行挤兑一样，当贷款人陷入困境，存款人排队取走他们的储蓄资金——在客户变得敏感时，允许投资者每天提取现金的基金也会变得脆弱。

肯特养老基金委员会非常清楚银行挤兑的风险。就在十多年前，该委员会受到了存款高利率承诺的诱惑，将 5 000 万英镑纳税人资金和退休储蓄交给了三家冰岛贷款机构。但是，当格里特利尔银行（Glitnir）、冰岛国民银行（Landsbanki）和冰岛国民银行子公司（Heritable）等机构在 2008 年全球金融危机的重压下苦苦挣扎时，这些存款受到了威胁。一份来自英国政府现已解散的审计委员会的谴责报告称，肯特养老基金委员会在冰岛的投资"疏忽大意"了。报告显示，即使在当年 9 月 30 日格里特利尔银行和冰岛国民银行的信用评级已低于地方政府可接受的水平，该委员会仍在对其提供资金，在 10 月 1 日和 2 日进行了两次注资，总额为 830 万英镑。一周之内，银行倒闭，肯特养老基金委员会陷入了困境。当时，为监督公共部门财务状况而设立的审计委员会发现，最后一笔注资是在委员会官员已收到但未打开的电子邮件后进行的，这封电子邮件警告他们不要继续与陷入困境的银行做生意。这一令人尴尬的事实暴露出委员会财务部门的无能。

经过冰岛法庭三年多的审判，肯特养老基金委员会最终收回了这笔资金。这项诉讼由该委员会财务主管尼克·维克斯（Nick Vickers）牵头，他是一名接受过培训的会计师。戴着眼镜的维克斯曾领导过一个负责冰岛银行存款的团队，他从这次危机中脱颖而出，代表 123 个在冰岛银行有存款的英国地方当局成功地进行了谈判。

肯特养老基金委员会与尼尔·伍德福德的合作由来已久，可以追溯到他在 21 世纪初为英国最大的投资集团之一景顺基金（Invesco Perpetual）管理资金的日子。维克斯职业生涯的大部分时间都是在肯特养老基金委员会从事单调的财务工作，他最初被伍德福德的激进表现和桀骜不驯的处事风格所折服，并很快被这位"演艺界"的选股人所吸引。2007年，他说服肯特养老基金委员会向伍德福德的景顺基金投资2.4亿英镑，约占委员会当时全部投资组合的十分之一。当养老基金等机构投资者向投资经理分配大笔资金时，通常会通过所谓的隔离委托方式来实现，即资金的处理方式与管理人的主基金相同，但被隔离在一个单独的账户中。养老基金为这种结构支付更高的费用，但对其资金的管理方式有一定发言权。至关重要的是，他们在提取资金方面也有更大的灵活性，尤其是在有压力时期。但是维克斯和肯特养老基金委员会决定节省费用，将全部资金配置到主基金中。而从长远来看，这种节约成本的决定往往代价高昂。

由于伍德福德轻松地超越了他的基准，肯特养老基金委员会坚持与景顺基金合作了数年。到2014年2月，肯特养老基金委员会对伍德福德的初始投资已经增长到5.2亿英镑，该基金在前一年的回报率为20%。就在那时，伍德福德决定离开景顺基金单干，这是投资行业最令人震惊的叛逃事件之一。肯特养老基金的受托人接受了建议，从景顺基金撤回投资，并将2亿英镑资金交给伍德福德新成立的企业——伍德福德投资管理公司（Woodford IM）管理。这次配置的资金约占肯特养老基金总额的5%。

根据此前未公开的会议记录，尼克·维克斯曾在2014年3月与威尔·迪尔会面，讨论伍德福德新公司的资金分配问题。维克斯告诉迪尔——一个体魄健壮、头发稀疏的澳大利亚人，自从七年前开始为肯特管理资金以来，他一直对伍德福德的表现很满意。维克斯非常渴望维持这种关系，以至于他提出将全部投资集中到伍德福德的主基金中，而不是采取更安全的隔离委托。维克斯解释称，如果他们申请隔离委托，就意味着将进行竞争性招标，那么，其他基金经理也可以投标该业务。这可能会对伍德福德产生阻碍。维克斯强调这是他希望避免的事情。维克斯对这位伟大的基金经理的钦佩，以及坚持与他合作的决心，绕过了委员会的商业保护措施。

最初，投资伍德福德公司的决定得到了回报。在第一个完整的财政年度，肯特养老基金的投资回报率为 2.7%，而市场预期是亏损 3.9%。然而，即使在与伍德福德新公司的蜜月期，也有迹象表明这种关系难以持续下去。2015 年 11 月，维克斯为养老基金委员会撰写了一份报告，概述了英国政府合并地方政府计划的影响。他谈到，肯特养老基金是英国唯一一家投资伍德福德的地方政府养老基金，当其退休资金与其他计划合并在一起时，这种关系可能就无法维持下去。他警告说："考虑到投资风格，伍德福德不太可能被选中管理英国的股票池，因此我们可能被迫终止委托。"

2017 年 1 月，肯特养老基金对伍德福德的资金配置达到 3.17 亿英镑。不久之后，这位基金经理的业绩急转直下。其他机构的客户开始放弃投资，但肯特养老基金委员会仍然忠于他们珍视的选股人。2018 年 11 月，伍德福德自信的表现说服委员会继续支持他，但当英国脱欧的最后期限进一步延长到 2019 年 3 月，伍德福德的基金继续缩水时，所有人都清楚，这种关系即将结束。更糟糕的是，媒体上出现了几则报道，称伍德福德的业务前景不佳。显然，在压力之下，他采取了更具"创造性"的方式来遏制挤兑对其基金的影响，其中包括将公司的股份转移到他业务范围内的不同投资组合。在其他地方，他投资的一些私人公司采取了极不寻常的举措，在根西岛（Guernsey）的小型证券交易所上市。虽然这些举动并不违法，却引起了负面反应。伍德福德的公司遭受了严重的损失，以至于他不得不改变规则来维持经营。即使作为伍德福德最忠实的信徒之一，尼克·维克斯也无法再鼓起勇气说服肯特养老基金的受托人继续支持他。委员会指示维克斯写信给伍德福德，要求其就企业采取的奇怪和可疑的行动给出解释。他们还正式将该基金列为观察对象，并将在 6 月决定是否解雇这位基金经理。

整个 2019 年春季，维克斯和迪尔定期保持联系。维克斯让迪尔相信，受托人委员会将在 6 月 21 日的会议上终止与伍德福德的合作。到目前为止，肯特养老基金的资金配置约占伍德福德旗舰基金（flagship fund）的 7%。伍德福德的团队知道一下子损失这么多钱会给公司带来多大的冲击，于是向维克斯建议，将肯特养老基金的资金转移到一个单独的账户中。这样一来，当他们提取现金时，对主基金中的其他投资者就几乎没有影响了。这似乎是解决肯特养老基金和伍德福德问题的一个很好方案。然而，维克斯莫名其妙地拒绝了这一提议。忧心忡忡的伍德福德和他的团队开始为 6 月份的决定做准备，为弥补失去如此大的客户造成的损失而制订应对方案。

然而他们的计划都是徒劳的。5 月 30 日，星期四，英国《金融时报》（Financial Times）的头条上写道："由于投资者纷纷撤离，伍德福德基金在一个月内缩水 5.6 亿英镑。"这篇报道被其他国家媒体报道，揭露了伍德福德是如何在客户流失的海啸中挣扎。投资者平均每个工作日从他的主要投资工具——37 亿英镑的股票收益基金中提取 1 000 万英镑。与此同时，该基金也受到了市场的冲击，仅在前一个月就损失了 8.3% 的市值。正如《金融时报》这篇报道所披露的那样，监管机构并没有忽视英国最受欢迎基金之一的惊人缩水。金融行为监管局（Financial Conduct Authority，FCA）非常关注该基金的困境，以至于秘密要求定期提升其应对不断升级的撤资危机的能力。

即使对肯特养老基金委员会的伍德福德的最忠实的支持者来说，这也是不容忽视的。5月31日早上，当受托人开会时，出席会议的12名委员会成员一致决定解雇伍德福德，并要求立即退还他们的资金，而不是到6月份的审查之后。这一决定将对全国数十万储户和英国9万亿英镑规模的投资行业产生深远影响。

当天晚些时候，出席上午委员会会议的尼克·维克斯给威尔·迪尔发了一封电子邮件，将这个坏消息告诉了他。虽然终止合同是意料之中的事，但比伍德福德团队预计的时间早了三周。维克斯试图向迪尔保证，肯特养老基金委员会不希望他们的投资在一个月内一次性退还，他们倾向于分阶段取款，也就是获得分期退款。这种方式适合伍德福德，因为该基金没有足够的现金一次性退还肯特养老基金2.63亿英镑的投资。前一个周末，伍德福德、他的高级助手和林克基金解决方案（Link Fund Solutions，简称"林克"，是该基金的一家重要但不受关注的服务提供商）讨论了如何重新调整投资组合，以筹集足够的短期现金，在不影响其他客户的情况下偿还给肯特养老基金。他们模拟了各种资产组合以达到剥离资金的目的，包括通过出售该基金在莎宾娜庄园（或简称"莎宾娜"，Sabina Estates）的股份筹集8 500万英镑——莎宾娜庄园是由顶级房地产开发商，为超级富豪在伊维萨岛（Ibiza）建造的私人别墅。莎宾娜是由伍德福德长期盟友之一安东·比尔顿（Anton Bilton）倾心打造的。安东·比尔顿是一位耀眼的亿万富翁、地产大亨，娶了美国歌手兼模特的丽莎·B（Lisa B）。

但是在6月3日，星期一，该计划失败了。维克斯休假不在办公室，他当周的代班并不知道维克斯在上周五下午与伍德福德的团队进行了激烈的讨论，决定主动出击，向林克提出了正式请求，要求一次性退还肯特养老基金在伍德福德投资管理公司的 2.63 亿英镑投资，这笔资金将立即转移。虽然整个周末林克都在与伍德福德进行谈判，计划分阶段退出，但该公司还是决定严格遵照肯特养老基金的指示处理。在伍德福德没有足够的现金来履行它对肯特养老基金的义务的情况下，林克认为别无选择，只能暂停其基金交易，从而阻止肯特与 40 多万投资该基金的个人投资者撤回资金。欧洲十年来最大的投资丑闻出现了。

这本书讲述了尼尔·伍德福德——这位陨落的超级明星基金经理兴衰的全部故事。这位基金经理曾被描述为"不断电的赚钱机器"，在将数十万储户困在他的基金旗舰中后，2019 年 10 月，他被迫关闭了曾经管理 180 亿英镑的业务。他的戏剧性垮台不仅仅意味着一位权力巨大的金融家失去了点石成金的能力。伍德福德的毁灭是一个关于贪婪、固执以及背叛和错位忠诚的故事，它暴露了一个胆小的监管机构和一个受其明星表现影响的行业缺陷。但最重要的是，这个故事揭示了当普通人将储蓄交给财务顾问和基金经理时会发生什么？他们的钱是怎么花的？旨在保障他们的信任不被滥用的措施到底多有效？

超过 40 万人的储蓄被困在伍德福德遭受重创的股票收益基金中超过一年，肯特养老基金委员会的 13.5 万名成员也是如此。但这个故事涉及的不仅是伍德福德丑闻的直接受害者，也包括财富管理公司圣詹姆斯广场（St James's Place，一家为英国各地的企业和个人提供财富管理服务的金融公司）的 70 多万客户，以及在基金超市哈格里夫斯·兰斯多恩（Hargreaves Lansdown，一家提供数字财富管理服务的英国公司）拥有的 110 万储户。这是英国最大的两家金融公司，它们也卷入了这起事件。四分之三的英国家庭使用基金管理服务——无论他们是否知道——超过 450 万英国成年人聘请财务顾问，以使自己辛苦赚来的积蓄保值甚至增值。伍德福德丑闻摧毁了消费者对英国最重要行业之一的信心，这一行业对英国老年人口的财务安全至关重要。伍德福德是唯一的罪魁祸首，还是他只是最终化为乌有的众多薄弱环节之一？伍德福德的职业生涯为何会如此惊人地崩溃？围绕他的炒作是建立在谎言之上的吗？英格兰中产阶级金钱的命运又将如何呢？

# 02

## 跟着钱走

波琳·斯内尔森（Pauline Snelson）和弗雷德·希斯考克（Fred Hiscock）一直计划着享受一段漫长而又舒适的退休生活。这对夫妇很晚才相识，他们有九个孙子，希望有足够的积蓄，留下大量的遗产。67 岁的波琳在英国中部地区经营一家糕点店 12 年，然后又经营一家餐馆 12 年。之后，她搬到了德文郡（Devon）风景如画的海滨小镇索尔科姆（Salcombe），开了一家提供住宿与早餐的家庭旅馆。她说："我不喜欢与人打交道——通过创业，我可以独自工作。"在她的整个职业生涯中，她做了一件正确的事情：每个月存一点钱，希望能积攒一定数量的、比较体面的储蓄金。

　　比波琳大四岁的弗雷德一开始从事建筑业，是一名土木工程师，后来在汽车行业工作，最终成为捷豹（Jaguar）的高级经理。他提前退休并将养老金一次性投资于房地产。他还在索尔科姆做穿梭巴士司机，主要服务对象是老年居民，以补充自己的养老金。

　　到 21 世纪 10 年代中期，波琳和弗雷德已经有了足够的积蓄，他们开始期待更加平静的退休生活。就在那时，在波琳的财务顾问的影响下以及自己判断失误的情况下，他们犯了一生中最大的错误之一：决定把自己的积蓄委托给尼尔·伍德福德。多年来，这对夫妇总共向伍德福德的基金投资了 7.5 万英镑，这笔钱本来是专门留给他们未来生活用的，但这起错误销售丑闻不仅给伍德福德的商业和职业生涯带来了毁灭性的结局，对波琳和弗雷德来说，给他们带来的后果更为严重。"我真的觉得我不想再工作了，但是在我们遭受了巨大的损失之后，我可能要一直工作下去，"波琳说，"我希望退休，但是不行。钱没有了，留给孙子们继承的遗产也没了。"

波琳和弗雷德的悲剧，与涉及数十亿英镑的金融咨询行业的失败有关，也与更有利可图的投资行业有关。波琳与她的财务顾问的关系对于全国各地数百万人来说是司空见惯的。每年她都会到财务顾问的办公室参加一个小时的会议。他们一边喝茶，一边讨论波琳过去 12 个月的投资情况，财务顾问还会建议她考虑其他储蓄和投资产品。

超过 450 万的英国人由财务顾问或财富管理机构来帮助他们决定将毕生积蓄配置到哪里。令人眼花缭乱的投资基金——仅在英国就有 3 000 多种标准产品，此外还有晦涩难懂的计划和错综复杂的投资工具——即便对于最狂热的市场观察人士，个人投资也是一项艰巨的任务。然而，与此同时，养老金市场的变化迫使个人对如何为退休提供资金方面承担更多责任。过去，工人们可以简单地靠雇主的最终工资养老金计划就能保障他们安度晚年，但这样的日子已经一去不复返了。每个人不得不自己思考和处理事务，决定投资哪些基金，或者考虑他们的钱是否更适合购买房地产或其他资产。由于复利的强大威力，错误可能会在几十年后被放大。各种研究表明，每年支付 0.5% 和 1% 的费用之间的差异，可能会导致储户最终的退休金出现数万英镑的差距。支持错误的基金经理或为某种产品支付过高的费用的决定可能是危险的。因此，对可靠和透明的财务建议的需求从未像现在这样强烈。

长期以来，英国政府一直关注储蓄者和财务顾问之间的特殊关系。在20世纪90年代和21世纪初发生了一系列错误销售丑闻之后，行业监管机构进行了开创性的市场改革，试图重塑金融咨询行业，使其更专业地服务于客户。这些改革措施禁止投资经理向销售其产品的顾问支付佣金，迫使顾问无论提供的是独立建议还是限制性的建议都必须对客户完全公开，并对其专业资格进行更严格的审查。

虽然人们普遍认为这些改革在限制冲突方面取得了成功，但它们也产生了意想不到的副作用，即市场上顾问的数量减少了。银行和建房互助协会（Banks and Building Societies）发现销售自己产品的利润较低，因此削减了咨询业务。与此同时，年长的独立顾问选择退出该行业，而不是重新参加培训或改变其商业模式。结果是，2011年至2014年，财务顾问的数量下降了四分之一，仅剩下30 000余人。这种情况对不太富裕的客户产生了巨大的影响，因为他们更愿意使用银行和建房互助协会提供的服务，而不太可能为咨询服务预付费用。

弗雷德·希斯考克就是这样的一位客户。他曾聘请过一段时间的财务顾问，但最终发现费用过高。"我每年要付大约3%的费用，而我自己只能获得4%的收益。这太荒谬了，所以我解雇了他。"他沮丧地说，"我已经厌倦了支付顾问费。但不幸的是，没有财务顾问，我自己也犯了错误。"弗雷德用他的养老金一次性购买房产的决定最初似乎是明智的，但在金融危机爆发前，一个出售几处房产并投资到银行的错误决定将使弗雷德损失惨重。

随着财务顾问人数日益减少，供需变得不平衡，剩下的顾问将业务集中在吸引更富有和更有利可图的客户上面。结果是那些储蓄少于 5 万英镑的人发现更加负担不起聘请财务顾问的费用。尽管每十个英国成年人中就有一个聘用财务顾问，但更令人担忧的是还有 1 820 万人，他们占成年人口的 36%，有 1 万英镑或稍多一点的储蓄，却没有接受过专业的理财建议。他们更容易犯弗雷德的那种投资错误，从而带来改变人生的后果。

然而，富人得到了很好的服务，虽然与他们支付的费用相比，他们得到的服务还是不尽如人意。与英格兰中产阶级紧密相连的财富管理公司是圣詹姆斯广场，这是一家富时 100 指数公司，拥有 4 300 名顾问，代表 70 多万名客户管理着 1 170 亿英镑的资产。2014 年，伍德福德离开他工作多年的景顺基金时，该集团在帮助他创立自己的企业方面发挥了关键作用。

众所周知，圣詹姆斯广场的目标客户群是大众富裕阶层——英国 1 100 万可投资资产在 5 万—500 万英镑的个人。圣詹姆斯广场租用乡村别墅的多功能活动室，以免费咨询研讨会的方式吸引潜在客户。这家拥有 30 年历史的企业取得了惊人的成功，每年税前利润接近 10 亿英镑。但是近年来，其财务上的成功被一系列破坏性的商业披露所影响。

2019 年，一位圣詹姆斯广场前顾问向《星期日泰晤士报》(Sunday Times) 匿名举报了该公司所采用的高压和薪酬管理方式，令人大开眼界。这位举报人服务 700 名客户，他们平均有 10 万英镑的积蓄。为此，他每年获得 25 万英镑（不含奖励）的报酬，这些报酬足够为他的孩子们提供大房子和私人教育支出。他不仅拥有一辆保时捷，还拥有一辆梅赛德斯 - 奔驰。这是他的客户也难以体验到的生活方式，但这些资金都来自客户储蓄。这还不包括他完成销售目标后获得的奖励。成功的圣詹姆斯广场的财务顾问可获得价值 1 200 英镑的镶 18 克拉钻的白金袖扣。其他福利还包括迈宝瑞手袋和万宝龙钢笔。

　　每年，圣詹姆斯广场的顾问们从全国各地来到伦敦，参加销售会议。他们聚集的场所，要么是皇家阿尔伯特音乐厅（Royal Albert Hall），要么是 $O_2$ 音乐厅，会议上对表现最优秀的人进行表彰。这位举报人描述说，这就像《华尔街之狼》（The Wolf of Wall Street）中的一个场景。甚至配偶也会被邀请，入住五星级酒店并参加晚宴。一些体育明星和政界人士也参与其中，比尔·克林顿（Bill Clinton）、托尼·布莱尔（Tony Blair）、戴维·卡梅伦（David Cameron）、文斯·凯布尔（Vince Cable）、大卫·贝克汉姆（David Beckham）和兰斯·阿姆斯特朗（Lance Armstrong）等都发表过演讲。其他参与者还包括电视名人乔纳森·罗斯（Jonathan Ross）和菲奥娜·布鲁斯（Fiona Bruce）。在一次活动中，当时的《疯狂汽车秀》（Top Gear）节目主持人理查德·哈蒙德（Richard Hammond）开玩笑地说，在停车场里，他自己的超级跑车淹没在圣詹姆斯广场顾问的法拉利和宾利中，很难被找到。但最奢侈的奖励留给了创造业绩收入最多的顾问。他们被邀请参加该公司为期一周的年度海外会议，该会议投入大量资金，极尽奢侈。圣詹姆斯广场包机，租用豪华游轮，邀请客人前往赞比亚（Zambia）游玩，在埃及骑骆驼游览金字塔，在日本观赏相扑比赛。与此同时，还源源不断地供应昂贵的酒水。

　　"尽管报酬丰厚，但我越来越讨厌这份工作。"这位前顾问向《星期日泰晤士报》坦言，"我发现我不能一直欺骗客户说他们获得了最大价值。我觉得我们不是顾问，我们是销售人员，我觉得我没有为他们的最大利益着想。很明显，许多投资者根本不了解他们支付费用的长期影响，也不知道这些费用对我和圣詹姆斯广场这样的公司来说是多么有利可图。"

波琳和弗雷德没有受到圣詹姆斯广场的关注，但有很多其他金融中介机构愿意接受他们作为客户，并收取咨询费用。近年来，低成本基金超市（也称为"投资平台"）在英国越来越受欢迎。这些直接面向消费者的网站允许投资者从范围广泛的基金中挑选适合自己的产品，从而减少了对高级顾问的需求。正是在这里，伍德福德找到了支持他的基石。

英国有 20 多家这样的经纪公司。在低端市场，供应商拥有最基本的平台，只提供低价获取各种基金的方式。除了聘用财务顾问，波琳和弗雷德一样，也通过低成本的经纪人投资伍德福德的基金。但随着规模进一步扩大，一些基金超市会提供各种基金的详细信息、推荐可能表现良好的基金，人们甚至可以选择听取内部专家的建议。从 2008 年到 2015 年，通过基金超市吸收的投资从 1 000 亿英镑增加到 5 000 亿英镑。现在该销售已经占了流入英国投资基金的资金的一半。

英国基金平台市场无可争议的王者是哈格里夫斯·兰斯多恩——该公司在说服个人将储蓄存入伍德福德基金方面做得比任何其他公司都好。该公司于 1981 年在联合创始人之一彼得·哈格里夫斯（Peter Hargreaves）的一处闲置住所成立。彼得和他的搭档斯蒂芬·兰斯当（Stephen Lansdown）将公司从初创时仅拥有一部手机和一台借来的打字机发展到 2007 年以 8 亿英镑的市值并在伦敦股票市场上市。现在，该公司在富时 100 指数中稳居前列。这家总部位于布里斯托尔（Bristol）的公司拥有 120 万客户，他们在该平台上节省了 1 000 亿英镑，哈格里夫斯·兰斯多恩每年从中获得超过 3 亿英镑的税前利润。在整个 20 世纪 90 年代和 21 世纪，哈格里夫斯通过大量广告和间接营销而成为家喻户晓的品牌。间接营销的方式是通过哈格里夫斯的一组发言人在现场为记者提供与金融相关任何新闻的报道。其中最主要的是马克·丹皮尔（Mark Dampier），他是该机构的研究负责人，也是伍德福德最忠实的追随者。

彼得·哈格里夫斯曾将丹皮尔描述为他的"眼中钉"，当时丹皮尔还在为他的竞争对手布里斯托尔的一家中介公司工作，因为他愿意向媒体提供自己的信息，所以经常出现在新闻报道中。由于嫉妒丹皮尔的报道，哈格里夫斯说服了他加入自己的公司。"不久前，多亏了马克的努力，所有的报纸都在引用哈格里夫斯·兰斯多恩的名字。"哈格里夫斯在他的自传《一不做二不休》（*In for a Penny*）中写道，"我想我可以肯定地说，自从他鼓起勇气选择加入我们，我们很少有负面的新闻报道"。然而，在伍德福德离职后，任何一个错误都会使丹皮尔成为头条新闻。

到了 21 世纪 10 年代，哈格里夫斯·兰斯多恩的网站已成为英国最知名、使用最多的基金超市。成功的一部分是缘于它所谓的最佳购买清单，即精选一些基金推荐给客户。最佳购买清单让投资者的生活变得更加轻松，因为这些被推荐的基金被吹捧为最优质的基金。但这些清单也有它们的问题——它们划清了建议和广告之间的界限。从监管角度来看，它们没有被归类为财务建议或指导，因此没有受到同等程度的监管。但是，这些清单在平台上的推广方式往往让客户不清楚这些产品是否在被推荐。这种混淆视听的做法让伍德福德的许多受害者深感愤怒，他们因为伍德福德被列入哈格里夫斯·兰斯多恩的最佳购买清单而选择了这位基金经理。

其实，无论客户通过昂贵的财富管理公司、中档理财顾问还是私人订制投资平台，他们的资金最终都会流向投资管理公司。四分之三的英国家庭通过养老金或个人储蓄产品使用基金管理服务。这些公司在英国经济中发挥着举足轻重的作用，将数百万公民的储蓄引导到需要资金的公司中。他们选择有预期成长性的公司，并提供稳定的股息。这些收益会被分配到投资者手中——但在此之前，基金经理会拿到自己的分成。他们的投资选择直接影响着英国民众的财务收益，而他们对一些公司的注资，关系到这些公司能否繁荣、扩张与雇佣更多员工。这意味着基金经理对英国最大的公司拥有相当大的影响力，让他们在企业如何经营以及由谁经营方面拥有极大的发言权。

　　在过去20年里，投资部门的影响力和声望显著增长。英国资产管理行业的规模位居世界第二，控制着超过9万亿英镑的资产，其影响力遍及威斯敏斯特市（Westminster）各个渠道，以至于英国财政大臣离任后在投资集团担任高薪顾问成为必然。尼格尔·劳森（Nigel Lawson）、诺曼·拉蒙特（Norman Lamont）、肯尼斯·克拉克（Ken Clarke）、戈登·布朗（Gordon Brown）、乔治·奥斯本（George Osborn）和菲利普·哈蒙德（Philip Hammond）都接受了这样的职位。前首相约翰·梅杰（John Major）和戴维·卡梅伦（David Cameron）也担任过类似的角色。甚至几位时任议员也通过在基金管理公司工作来补充他们在议会的收入，比如雅各布·里斯－莫格（Jacob Rees-Mogg）和约翰·雷德伍德（John Redwood）。

　　尽管资产管理行业对英国经济至关重要，但它已成功地将自己塑造成一个由自己制定规则的精英服务机构，而非公用事业机构。基金的运作模式使所有的投资风险都最终由投资者承担。基金经理的佣金按基金规模的百分比而不是固定金额收取，这意味着投入的资金越多，基金经理的收入就越高——尽管所需的工作量和资源并没有以同样的速度增长。即使基金经理给客户造成了损失，客户也要向他们支付费用。这种"正面我赢，反面你输"的模式在行业中根深蒂固。

难怪投资管理是英国最赚钱的行业之一。最知名的基金经理和投资集团高管每年可赚取数百万英镑，过上类似英超足球运动员的生活。巨大的乡村别墅、成队的跑车、享受异国情调的假期和昂贵的休闲活动，都是由英国公众储蓄中的年费支付的。但顶级足球运动员的收入高峰期只有几年，而基金管理者的职业生涯可能长达数十年。投资行业的流动资金不可避免地使其成为最具竞争力的行业之一。每年，英国顶尖大学的毕业生都会放弃医学和工程专业，投身基金管理行业。

这个行业把尼尔·伍德福德这样的基金经理变成了千万富翁，却严重辜负了波琳·斯内尔森和弗雷德·希斯考克这一群体的期望，而这些人才是基金管理行业应该服务的对象。

# 03

## 金融大爆炸

尼尔·拉塞尔·伍德福德于 1960 年 3 月 2 日出生在富裕的伯克郡（Berkshire）库克汉姆（Cookham）村。他的父母维克托（Victor）和帕梅拉（Pamela）住在韦斯特伍德格林区（Westwood Green）75 号，这是一栋不起眼的半独立式房子，到库克汉姆车站步行仅需两分钟。这栋房子背对着铁路线，站在房前放眼望去是一片广阔的乡村绿地。伍德福德和比他大两岁的哥哥西蒙（Simon）是在这里长大的。库克汉姆村坐落在泰晤士河畔，这里的一个特别悠然的弯道，是肯尼斯·格雷厄姆（Kenneth Grahame）的《柳林风声》（*Wind in the Willows*）的灵感来源。这座历史悠久的村庄因曾经居住在这里的艺术家斯坦利·斯宾塞（Stanley Spencer）而闻名。它不仅宁静而且靠近伦敦，距离首都只有不到一小时的车程——这使它成为富裕的通勤者居住的首选之地。《每日电讯报》（*The Daily Telegraph*）曾将库克汉姆村评为英格兰第二富有的村庄，仅次于萨里郡（Surrey）的东霍斯利（East Horsley）。

按照当地的生活标准，伍德福德一家并不富裕。伍德福德的父亲维克托在第二次世界大战的最后几个月里，担任英国皇家空军（RAF）飞行员，当时年仅 19 岁。但七年后，当他与帕梅拉结婚时，已经跟随自己的父亲进入出版业，在一家明信片印刷厂担任生产经理。这是他一生大部分时间一直从事的职业。"他并不是很成功。"伍德福德后来告诉《泰晤士报》。"我认为他想拥有自己的出版业务，但他并没有雄心壮志。虽然生活很拮据，但我们仍旧努力着，从未放弃。"在这位未来基金经理的童年时代，伍德福德一家一直居住在一所简陋的房子里。贫寒的出身使得伍德福德对生活中更美好的事物产生了渴望与向往。

与他的父亲不同，伍德福德非常有干劲。他的母亲鼓励他，向他灌输"先到者多得"的观念。这是他赖以生存的格言，也是他今后做生意时所遵循的准则。年轻的伍德福德很聪明，是他父母心中的宠儿。1971 年 9 月，他顺利通过了 11 门以上的考试，进入了梅登黑德语法学校（Maidenhead Grammar School）。在那里，他被同学们称为"伍迪"（Woody）。梅登黑德是一所男校，是当时典型的语法学校。老师们穿着长袍，用姓氏称呼学生，他们也总是被称为"先生"。这所学校接纳当地的孩子，并以引导他们走向更美好的未来为傲。在梅登黑德的与伍德福德同时代人中有作家尼克·霍恩比（Nick Hornby）和约翰·奥法雷尔（John O' Farrell），而恐怖海峡乐队（Dire Straits）的键盘手盖伊·弗莱彻（Guy Fletcher）也在他那一届。

十几岁的时候，伍德福德就已经有了宽阔的肩膀，以及一头金色的卷发，这使得他很容易就能被认出来，在同年级的 150 多个男孩中很有名。"他很有个人魅力，绝对是你会注意到的人。"与伍德福德在同一个班级的尼克·斯坦（Nick Stein）回忆道。"他有时很会挖苦人，喜欢开玩笑。而且他确实会深度思考。"这是 20 世纪 70 年代的一所男校，当时盛行男子气概文化。

伍德福德在学业上表现出色。梅登黑德是一所成就斐然的学校，它培养了最优秀的学生，使他们可以提前一年参加某些普通证书考试。即使在这样一个充满压力的环境中，伍德福德在学校的七年里，在大多数科目上都名列前茅。但真正令他闪耀的是在运动场上的成绩。梅登黑德是一所以体育见长的学校。体育主管乔治·格里菲斯（George Griffiths）是一个坚定的橄榄球迷，他认为"足球"是一个肮脏的词汇。因此，足球运动被禁止进入学校。伍德福德和他的同学会违反校规，在午餐时间踢球。尽管伍德福德对托特纳姆热刺队（Tottenham Hotspur）情有独钟，但他真正热爱的还是橄榄球。他参加了学校的选拔赛后，代表学校去县里参加了比赛。得益于他积极的打法和进球能力，他同时还是学校的曲棍球队的队员。伍德福德在田径方面的表现也很出色，曾代表伯克郡参加了县级标枪比赛。强壮的肩膀、快速挥动的手臂、短距离内爆发式的速度和良好的技术使他成为一名优秀的投掷运动员。1977 年，他成为伯克郡学校的标枪冠军，并入选全英田径锦标赛。"他是一名杰出的运动员。"他的老师加文·考文垂（Gavin Coventry）回忆道。在梅登黑德，体育运动是如此重要，以至于一线队的队员们每周都要用几个晚上以及周末进行练习和比赛。体育运动，尤其是橄榄球，成为伍德福德生活的中心，他的社交圈被"追蛋者橄榄球队"（egg-chasers）所占据。

并不是所有与伍德福德同时代的人都对他印象深刻。"我对他最重要的记忆是，他是个恶棍和恶霸。"他的另一位同学回忆道。"他不喜欢我，因为有一次在化学课上我站出来反对他，当时他贬低我。他居然还打了我！我们学校很少有欺凌行为发生，但伍德福德认为自己很强硬，喜欢把气撒在比他弱的人身上。我们的关系一直不好，因为我对他来说太不合群了。除非你是他的小圈子里的一员，否则你是要避开他的。"那些后来在伍德福德的投资生涯中与他擦肩而过的人，都曾领教过他的急脾气。

尽管如此，事实证明伍德福德还是很受老师欢迎的——尤其是因为他的运动能力。六年级时，他被校长伦纳德·罗弗·雷诺兹（Leonard Rover Reynolds）选为级长。校长曾是一位著名的机动炮艇船长和军事历史学家。作为级长，伍德福德帮助学校维持了纪律，并被授予了一条特殊的领带。在最后一年，他还被授予在当地久负盛名的校长奖，这主要归功于他的体育成就。六年级的公共休息室有一台电唱机，学生们会把购买的最新唱片带来与朋友分享。音乐形式不拘一格，从重金属和朋克到晦涩的灵魂乐。伍德福德最喜欢的乐队是齐柏林飞艇（Led Zeppelin）。在学习期间，他的第一份暑期工作是在梅登黑德 – 比彻姆（Maidenhead Beecham）工厂清洁机器。比彻姆后来成为制药巨头葛兰素史克（GlaxoSmithKline）的一部分，后来伍德福德也是这家公司的主要投资者。

虽然大多数六年级学生都会开车，但伍德福德是少数几个有车的人之一。他那辆破旧的菲亚特850成了他圈子里公认的出租车。曾经，伍德福德和三个朋友开车到伯恩茅斯（Bournemouth），在海滩上游泳和喝酒，度过了一个周末。这辆车还是他们的移动寝室。库克汉姆、伯恩德（Bourne End）和马洛（Marlow）附近的酒吧是伍德福德和他的青少年朋友们首选的饮酒场所。他们给自己定下了"库克汉姆十三号"挑战——在当地许多饮酒场所挨家喝酒的活动。

除了体育，伍德福德的另一个爱好是飞行。他听父亲讲过以前的战争故事，对在英国皇家空军（RAF）工作产生了浓厚的兴趣。他加入了梅登黑德空军训练队155中队，和他一起的还有其他几个同学，包括尼克·斯坦。在周一和周五晚上7点到9点，空军学员们会在梅登黑德休闲中心后面的一间小屋里集合。他们在这里接受训练，听有关飞行原理的讲座。梅登黑德广告商曾派一名摄影师拍摄了一张一名教员向"军校学员尼尔·伍尔福德（N. Woolford）"（原文写的就是伍尔福德，而不是伍德福德）演示如何系好弹射座椅的安全带的照片。照片中，身着卡其色制服、锃亮靴子、头戴贝雷帽的伍德福德似乎正在权衡是出手救援还是迫降。在周末，该中队会前往皇家空军训练营，在双座的花栗鼠轻型飞机上测试他们的技能。梅登黑德机场靠近希思罗（Heathrow）机场，附近有怀特·沃尔瑟姆（White Waltham）机场，是发展航空业的优良场所。伍德福德的三个同学后来都成了飞行员。

毕业后，伍德福德在埃克塞特大学（Exeter University）学习经济学和农业经济学。埃克塞特大学在学术领域颇具影响力，在体育方面也有很高的声誉。伍德福德参加了大学橄榄球队，担任边锋。他仍然怀揣着从事航空事业的梦想，但这所大学没有自己的空军中队，导致他落后于同龄人。获得学位后，他试图加入英国皇家空军的研究生计划和难度更大的学士学位计划，但都没有成功。由于他反应迟钝，未能通过在伦敦南部比金山（Biggin Hill）机场的能力测试。让斯坦感到惊讶的是，这样一个天生手眼协调、能力超强的运动员，居然在这项测试中会失败。"尼尔具备在空军取得成功的优良性格，"后来加入英国皇家空军的斯坦说，"所以我一直很惊讶他落选了。"

1981 年，伍德福德从埃克塞特大学毕业时，他的父母已经搬到了科茨沃尔德（Cotswolds）。由于缺钱，再加上成为飞行员的梦想破灭，他就到伦敦寻求发展。他的哥哥西蒙当时在维多利亚时期的海外及殖民地（Foreign & Colonial）投资集团担任行政职务，伍德福德在这里找工作，晚上就睡在他家的地板上。他拥有经济学学位，但对伦敦金融城的运作知之甚少，于是游荡了几个月，后来在一家大宗商品交易所做一份薪水很低的行政职员工作。"这个工作的无聊和乏味简直令人难以置信。"伍德福德后来告诉《泰晤士报》。"他们告诉我，就在几年前他们只招收计算机科学与工程的学生，现在也接收其他专业毕业生，这太令人沮丧了。"当时英国正处于经济衰退的阵痛之中，全国失业率逼近12%，有300万人失业。两年前，在"不满的冬季"（Winter of Discontent）之后，玛格丽特·撒切尔（Margaret Thatcher）凭借降低通胀、提高效率和打压强大工会的承诺，以压倒性优势上台。但她的经济政策需要一段时间才能产生效果，1980年通胀率达到22%的峰值。这波混乱最严重的影响虽未波及伦敦，但毕业生也几乎没有什么好的工作机会。

幸运的是，在危机最严重的时候，伍德福德偶然进入了投资行业并获得了第一个职位。比尔·塞登（Bill Seddon）在一家叫作多米尼克（Dominion）的小型保险公司担任基金经理仅一年，就意识到自己需要一名助手。由于此前从未雇佣过职员，他在英国《金融时报》上刊登了一则小广告。在应征的六名申请者中，伍德福德被选中了。"他是一个非常讨人喜欢的年轻人。"塞登回忆起1981年秋季第一次见到这位身材魁梧的毕业生时说，"他彬彬有礼，尊敬他人，对细节有敏锐的洞察力，是一个可以信赖的人——真的是一个完美的助手。"多米尼克是一家一般保险公司，通过遍布全国的独立中介网络销售产品。自20世纪初成立以来，它一直是这一行业中的一个小角色。即使在它承保了汽车保险领域的大部分保单，它的市场份额也很小。

该集团在伦敦的办事处位于康希尔街（Cornhill）和恩典堂街

（Gracechurch Street）繁忙的交汇处，紧挨着历史悠久的勒顿豪集市（Leadenhall Market）。勒顿豪集市的历史可以追溯到中世纪，但到了 20 世纪 80 年代，它已成为城市的酒类消费主要场所之一。多米尼克规模非常小，投资部门只有塞登和伍德福德，他们共用大楼的一个狭窄小房间。回顾过去，塞登将投资方式描述为基本的、主要包括美元和英镑计价的债券，以及一些股票和现金。这是伍德福德第一次尝试理财，但他被深深吸引了。他后来说："我无意中进入了基金管理行业，但我一进入这个行业，我就意识到我喜欢它，真的很喜欢学习并了解它。"不到 18 个月，伍德福德就掌握了诀窍，渴望接受新的挑战。多米尼克的规模意味着他在公司内部无法施展拳脚——他实际上处于公司业务的顶端。因此，作为基金经理助理，寻找自己的用武之地是很自然的。"我们花了很多时间密切合作，还一起去喝过几次啤酒。"塞登回忆道。"我从来没有想过，我对面坐着的是一位年轻的沃伦·巴菲特（Warren Buffett），但我觉得他也从来没有这样想过我。"

伍德福德的下一站是里德国际养老基金，在那里他找到了一份实习股票分析师的工作。这是一个比多米尼克大得多的公司，虽然不是一个纯粹的投资集团，但它让伍德福德承担了更多的责任，并有了晋升的空间。成为一名股票分析师是成为基金经理的一条必经之路，现在伍德福德已经下定决心要实现这一目标。这项工作包括研究和评估英国上市公司，通过大量的财务数据来估计企业的增长潜力。然后，分析师的研究将帮助投资经理选择股票。在一家投资集团担任这样一个职位有着良好的发展前景，但里德的养老金团队属于公司财务部门，在那里，想成为基金经理的人很难获得有发展潜力的职位。伍德福德只工作了两年，就再次离职。

伍德福德在里德公司的工作时间虽然短暂，但正值该集团发展的关键时期。该公司最初是一家造纸企业，但到了20世纪70年代，它走上了一条与许多同时代企业类似的道路，成为一家庞大的企业集团。其理由是，如果它能在多个业务领域运营，就可以使收入多样化并分散风险。通过收购或兼并扩大规模也确保了股票价格的持续上涨。在此过程中，里德整合了一系列企业，从皇冠涂料（Crown Paints）和Polycell品牌（阿克苏诺贝尔旗下油漆品牌），到《每日镜报》（Daily Mirror）以及一些贸易期刊和消费者杂志。到20世纪80年代，人们逐渐认为庞大的企业集团过于臃肿，许多企业迫于股东压力，不得不剥离业绩不佳的部门。几年来，里德公司试图将其报纸品牌捆绑打包，并命名为"镜报报业集团"（Mirror Group Newspapers）。在考虑上市浮动后，里德公司最终在1984年将报纸卖给了罗伯特·马克斯韦尔（Robert Maxwell），这让报社员工、印刷工会和工党政客们大为懊恼。伍德福德在养老金部门工作期间，最大的业务就是决定如何分配储蓄，为拆分做准备。马克斯韦尔后来从镜报报业集团的计划中"抢劫"了4.6亿英镑，这是英国最无耻的公司欺诈案例之一。

在伦敦生活期间，伍德福德继续把业余时间用在橄榄球上。以前的同事回忆说，这是他工作之余的主要乐趣。在六年级的时候，伍德福德为梅登黑德RFC年龄在19岁以下的球队效力。镇上的橄榄球俱乐部和语法学校关系密切，是由老师和学生担任教练或参与比赛。1984年底，伍德福德首次代表梅兹队（Maids）出战，在以12∶9战胜班伯里（Banbury）的比赛中担任侧翼。他甚至差点得分。这场胜利让前一年的伯克郡冠军梅兹队仅落后领头羊亨利队一分。当伍德福德在金融领域发展自己的事业时，他在接下来的几年里还经常为球队效力，因为该俱乐部被纳入新成立的西南一级联赛体系，在国家联赛体系中属于第 7 级。1990 年，伍德福德在梅兹队的表现达到了顶峰，梅兹队也顺利升入国家联赛第 4 级，也就是下一级联赛。但是这位侧翼球员因膝盖受伤，不得不终结了他职业球员的生涯。

1985 年离开里德公司后，伍德福德在英国信托储蓄银行（TSB）集团的公司财务部门工作。英国信托储蓄银行集团是由英国多家地区性信托储蓄银行合并而成。虽然这份工作与他选择的基金经理职业相去甚远，但伍德福德还是利用业余时间在伦敦商学院攻读了金融研究生课程。他在英国信托储蓄银行发生巨变的时期加入该集团。在过去的十年中，70 多家地区性储蓄银行逐渐合并成一个实体。保守党政府一心要通过一系列私有化来颠覆英国经济。储蓄银行早在一个多世纪前就已经成立，是鼓励穷人存钱的非商业性机构。1985 年通过了《信托储蓄银行法案》（TSB Act），对合并后的集团进行了重组，并于次年启动上市。该银行还推出了非常成功的广告语，将自己描述为"喜欢说是的银行"。在成为一家上市公司后，英国信托储蓄银行继续扩张，建立了房地产中介网络并收购了一些小型银行。

在英国信托储蓄银行工作期间，伍德福德开始与比他年长 5 岁的首席执行官私人助理乔·穆兰（Jo Mullan）约会。不到两年，他们就结婚了，住在梅登黑德郊区的一所名为诺斯利·克劳斯（Knowsley Close）的独栋房子里。那时，伍德福德蠢蠢欲动，他向投资业务不断增长的保险公司鹰星（Eagle Star）申请了一份投资分析师的工作。鹰星与多米尼克有着相似的历史，它们在 20 世纪初都是以专业的海上保险起家，但与多米尼克不同的是，鹰星是一家大公司，在整个 20 世纪 80 年代一直是海外公司的收购目标。先是德国保险公司安联（Allianz）对它的恶意收购未成功，后来英美烟草（BAT Industries）在1984年以9.68亿英镑的价格收购了这家公司。正如英美烟草的客户对其产品上瘾一样，伍德福德在他的职业生涯中也痴迷于投资这家烟草公司。

1986年对英国金融服务业来说是重要的一年，也是撒切尔主义发展的巅峰。1983年，撒切尔因其在福克兰群岛（Falklands）的功绩获得了全国民众的支持，并获得连任。她和她的新财政大臣尼格尔·劳森（Nigel Lawson）开始着手重振英国经济。白领阶层革命的核心是与伦敦证券交易所达成的一项协议，旨在终止固定佣金费用并取消股票经纪人和证券经纪人之间的界限。虽然这些变化是技术性的，而且与股票和债券等资产的交易相关，但影响是巨大的。与希望买卖股票的外部客户打交道的经纪人和进行交易的做市商之间的矛盾可以追溯到布尔战争（Boer War）。确保这两个角色不重叠是保护证券交易所工作人员的一种手段，但这意味着增加了客户的成本。工党原本计划打破公立学校俱乐部的舒适氛围，但撒切尔上台后，接手了这个项目，并热情地投入其中。

该协议于1986年生效，被称为"金融大爆炸（Big Bang）"，从根本上将金融市场的力量均势从纽约向伦敦偏移。数十年来，华尔街一直是全球金融中心。但"金融大爆炸"增强了伦敦的竞争力，并向国际银行开放了市场。这些变革在伦敦引发了一波并购浪潮，海外投资银行蜂拥而至，收购传统伦敦公司合伙人的股权。美国和日本的银行尤其积极，因为伦敦的时区连接了东京和纽约的市场营业时间，这意味着伦敦成为24小时全球交易网络的核心。涌入伦敦的大量资金吸引了新一代的毕业生，他们被职业机会和财富吸引，非常兴奋。几个世纪以来，伦敦的金融中心主要是贵族出身的公立学校学生的领地，但撒切尔的"金融大爆炸"在一定程度上推动了历史机构的民主化和重建。

与此同时，电子交易被引入伦敦金融城，把伦敦带进了现代社会。以前，交易通过一种被称为公开喊价系统，面对面地在交易大厅向另一个人叫价，是在做市商之间进行的，在新系统下，计算机允许共享市场价格的实时数据。随着时间的推移，价值数万亿美元的交易信息在光纤电缆上以闪电般的速度传输扩散，交易员们疯狂的叫喊声被数据处理中心的"嗡嗡"声所取代。

在 1984 年撒切尔的私有化进入高潮之际，政府出售了英国电信（British Telecom），紧接着又将一系列国有企业推向市场，包括英国航空（British Airways）、英国北海石油（Britoil）和英国天然气公司（British Gas），并通过有效的"告诉希德"（Tell Sid）广告活动大力推广这些企业。个人投资者注意到这一消息而争相买入股票，提供单位信托的投资公司大赚了一笔，为业余选股者提供了一种较容易的方式来分散他们的投资。政府也试图煽动公众对私有化公司的投资热潮。从理论上看，如果个人持有新上市企业的股份，他们就会觉得自己与政府的市场改革紧密相连，在大选中就不会倾向于把现任政府赶下台。撒切尔本人在 1986 年伯恩茅斯（Bournemouth）的保守党会议上总结了她所描述的"大众资本主义"运动。"数百万人已经成为股东。很快，英国天然气公司、英国航空公司、英国机场和劳斯莱斯公司（Rolls-Royce）将为数百万人提供更多的机会。谁说我们已经精疲力竭了？我们正处于全盛时期！"许多大规模私有化项目的资金都来源于工人购买自己雇主的股份，但要想让这场变革取得成功，还需要说服他们也购买其他公司的股票。在 1986 年的预算中，英国财政大臣尼格尔·劳森公布了他的个人股权计划

（Pep）。该计划为投资者提供税收优惠，让他们建立自己的上市公司股票投资组合或投资单位信托基金。这些改革对于投资行业来说是一个福音，后来也使得伍德福德的职业生涯步入了辉煌的阶段。

撒切尔政府还推动通过了 1986 年的《金融服务法案》（*Financial Services Act*），该法案效仿美国里根政府时期的行业自律政策，为伦敦带来了更宽松的监管环境。作为回应，英美烟草集团旗下的保险公司鹰星将其投资部门拆分为一家名为"鹰星资产管理（Eagle Star Asset Management）"的新公司，伍德福德于 1987 年加入该公司。鹰星的主要管理机构虽已从伦敦搬迁至彻特纳姆市（Cheltenham），但投资团队仍占据着该公司位于针线街（Threadneedle Street）1 号历史悠久的总部，该总部位于伦敦金融城中心，距离英格兰银行只有几英里远，对面就是伦敦皇家交易所（Royal Exchange）。虽然这个地址很有声望，但这栋建筑却不怎么样。它是 20 世纪 60 年代建造的现代主义风格的典型代表。到 20 世纪 80 年代中期，这栋建筑已经破败不堪，而大多数工人利用午餐时间进行社交活动的食堂则是常有老鼠出没的地下室。

20 多名基金经理在一个开放式的办公楼层工作，更多高级职员在附近的私人办公室工作。保守党政府的金融改革为伦敦带来了大量年轻工人，其中许多人具有中产阶级背景。在当时鹰星的投资团队中，有一半成员不到 30 岁。该公司一直在寻找那些试图在行业中获得突破但又不要求太高奖金薪酬的新晋投资者。伍德福德符合这一要求。20 世纪 80 年代末在鹰星工作的一位基金经理回忆说："当时的伦敦非常年轻，充满活力，我们很多人在很年轻的时候就被安排管理一些投资组合。所有的经理都是中产阶级，没有人是牛津、剑桥毕业的，也没有具有双重身份的人。"这在当时的投资行业非常罕见，投资团队中有一半是女性，包括几位团队领导。这些年轻的鹰星投资员工下班后经常一起喝一杯，办公室恋情也很常见。但工作场所的社交活动与传统的方式相去甚远，传统的方式是在私人会员的俱乐部里慢慢地享用午餐和睡前小酌一杯。

为英美烟草集团工作的好处还有一个。其他地方已经越来越严格执行禁烟政策了，但这里的员工可以在下午5点后在办公室吸烟。在英美烟草集团庞大的业务网络中，包括美国高端零售商萨克斯第五大道精品百货店（Saks Fifth Avenue）和英国较为普通的百货零售连锁商阿戈斯（Argos），员工可以享受折扣，这意味员工着去纽约工作的时候一定会去萨克斯的曼哈顿旗舰店看看。英美烟草集团收购鹰星公司后做的第一件事就是引入了那种使"好彩"（Lucky Strike）等香烟品牌家喻户晓的营销手段。这家烟草巨头将保险市场视为一个传统上应避免高调进行广告宣传的市场，其产品也被视为适当的低调。鹰星的营销团队开始尝试使其产品对普通消费者更有吸引力。他们为其产品引入了一个令人印象深刻的彩虹主题，用不同的颜色表示不同的风险水平。还聘请了当时的喜剧演员罗温·艾金森（Rowan Atkinson）主持了一场全国性的电视广告宣传活动，宣传其投资产品。

1987年10月15日星期四的晚上，英国遭遇了近300年来最严重的风暴。这场飓风出人意料，第二天早上几乎所有交易员都不能正常上班了。在几次开市失败后，股市在当天下午12点30分休市。但就在当天下午，华尔街的交易却如火如荼，道琼斯工业股票平均价格指数（Dow Jones Industrial Average）遭遇了有史以来最大的单日抛售，原因是投资者对糟糕的经济数据和新的税收法案强烈反应。周一早上，当伦敦交易员回到工作岗位、市场重新开放时，他们对纽约股市暴跌的反应是抛售一切可能的股票。结果是富时 100 指数（FTSE 100）在几天内蒸发了近四分之一的市值。市场花了两年时间才从后来被称为"黑色星期一"的损失中恢复过来。

尽管在鹰星任职期间发生了一系列重大事件，但伍德福德在公司的表现并没有引起太多关注。一位在他离开几周后加入这家公司的同事说，她直到大约十年后才知道伍德福德曾在那里工作。"我认为他没有给人留下什么深刻的印象——我在那里工作期间，没有人提过他的名字，"她说，"我觉得他有点可有可无。"这时的伍德福德已经对伦敦失去了兴趣，也很少花时间去了解他的同事——他们大多很年轻，很爱交际。伍德福德在鹰星的工作也没有他后来描述的那样不凡。在后续对其职业生涯的采访中，伍德福德声称自己最初是在鹰星公司做基金经理，但当时他的结婚证书上写的却是投资分析师，一个更低层级的职位。鹰星为优秀的新员工提供投资分析师的职位，让他们在主要工作之外管理小额资金以积累经验。

伍德福德已经适应了在寂静的梅登黑德的婚后生活，但每天四小时的通勤时间让他付出了代价。伦敦金融城的强度、速度和噪音——一种他后来形容是"扯淡"的氛围，也开始让人恼火。他开始厌恶这里的喧嚣和八卦文化，以及在他看来随波逐流的从众心态。即使在职业生涯早期，他就已经形成了强烈的独立性格。他需要找一个离家较近的地方来培养他日益刚愎自用的性格。伍德福德顽固信念的种子——他成功的崛起和最终失败背后的性格特征——已经播下。

# 04

## 在亨利镇下赌注

马丁·阿比布（Martyn Arbib）总是能从人群中脱颖而出。尽管他创立了英国最成功的投资企业之一，但他与伦敦金融城里的那些穿着细条纹西装、留着整洁发型的男人没有什么相似之处。他直率而自信，无论何时走进房间都能引人注目。他深棕褐色的皮肤和浓密的白色蓬松头发弥补了他身材的不足。他看上去不像是一个被困在办公室里的人，他坐在办公室里的时候更像是在家里看着自己的马在纽伯里（Newbury）或阿斯科特（Ascot）奔跑——这是他通常更喜欢去的地方。

阿比布出生于 1939 年，他在伦敦北部富裕的亨顿（Hendon）郊区度过了自己的童年，之后就读于埃塞克斯（Essex）的菲尔斯特德学校（Felsted School）。菲尔斯特德公立学校的男孩们给阿比布起了一个幼稚的绰号"斯努奇"（Snurge，意为"逃避者"），这个绰号一直沿用至今。接受了会计培训后，在为斯派塞（Spicer）和柏歌（Pegler）公司工作期间，阿比布把他的聪明智慧用在挑选马匹上——这是他迅速培养起来的一项技能。1962 年，他在纽马克特（Newmarket）的切萨雷维奇（Cesarewitch）和剑桥郡（Cambridgeshire）举行的马术障碍赛上，在"黄金之火"（Golden

Fire）和"隐藏的意义"（Hidden Meaning）中下注几英镑，赢得了3 000英镑的奖金——相当于今天的6万多英镑。博彩公司关闭了他的账户，阿比布用赢来的钱完成了他为期两年的澳大利亚之旅。

20世纪70年代初，阿比布住在泰晤士河畔的亨利镇，这是伦敦西部的一个优雅小镇，以其一年一度的皇家赛艇会而闻名。他很快意识到，他不仅有挑选快马的天赋，还能发现有前途的公司。遵循"只投资你知道的"这句选股格言，他的第一笔大额投资是购买了近期上市的一家连锁博彩公司立博（Ladbrokes）的股票。阿比布在赛马场待了很长时间，和其他人一样，他很清楚，博彩公司不会不赚钱。一方面，因为博彩行业在十年前才被合法化，专业投资者和股票经纪人倾向于避开博彩行业，他们认为这是一个不体面的肮脏行业；另一方面，阿比布认为这是一个利润很高的行业，如果管理得当，其规模可以大幅增长。事实证明，早期他对立博的投资是他职业生涯中最好的投资，在整个20世纪70年代，该公司的股价上涨了2 000%以上。

阿比布决定，将他新发现的投资爱好转化为基金管理事业。在最初为朋友建立投资组合后，他将注意力转向了单位信托基金，这是一种主要针对个人储户的投资基金。"一个优秀的赛马专业学生可以成为非常优秀的基金经理。"阿比布曾对作为业余选股人的圣经《投资者纪事》（*Investors Chronicle*）说，"在比赛中获胜的关键在于计算赔率和评估风险。这和挑选股票是一样的，你必须一丝不苟，且最不应该做的就是成为一个疯狂的赌徒。"

1974年，他在自己的一处闲置住所里，创办了永久基金管理公司（Perpetual Fund，简称"永久基金"），最初只有两部电话和一位秘书。他的首只基金是在9月份推出的，当时正值40年来最严重的熊市。该基金是市场上首批向英国投资者提供全球股票组合投资机会的基金之一——尽管它主要投资英国大型公司，或者购买少量的美国和日本股票。成立之初，他筹集的大部分资金都来自朋友和熟人。尽管早期出现了一些波动，但在 1975 年初，当英国股市跌至二战以来的最低点时，阿比布还是买入了大量廉价的英国股票。随着市场反弹，阿比布的基金大幅飙升，而很多老牌的基金经理对本轮牛市是否会持续还在犹疑。他做到了，永久基金有了一个良好的开端。

阿比布不愿意每天花三个小时往返于家和伦敦之间。随着业务的拓展，他在亨利镇的哈特街（Hart Street）48 号设立了第一个办公室，这是一栋木构架的二级保护建筑，位于镇中心的 13 世纪圣玛丽教堂对面。刚成立不久的永久基金与一家眼镜店共用这栋大楼。最初，哈特街的办公室中只有四个人——阿比布、他的助理基金经理、一名办公室职员和一名秘书，秘书会带着她的两条狗来办公室。罗杰·科尼克（Roger Cornick）1979 年开始在该公司工作，当时是第五名员工，他记得该公司有一种"商业街会计师事务所"的感觉。

永久基金在亨利镇的根据地确实使它不同于竞争对手，它的竞争对手主要集中在伦敦金融城或爱丁堡。这种距离感加深了阿比布自己是局外人的感觉。20 世纪 80 年代初，在单位信托协会（Unit Trust Association）的年度晚宴上，阿比布站在拥挤的大厅后面，与英国《金融时报》的一名记者交谈。那时，永久基金已经成为该行业的佼佼者。"我和这些人没有任何共同之处，"他吐露心声，说话时噘着下唇，像往常一样用右嘴角说话，"我到这儿来只是装装样子。至少在亨利镇，我不用跟这些人打交道，也不需要天天去参加经纪人的午餐会。"

阿比布的强劲表现开始吸引财务顾问的注意，其中一些人说服他们的客户投资这家位于泰晤士河边的仿佛与世隔绝的古怪的初创企业。但当他的基金吸引了更多资金时，阿比布却在为其规模而苦恼。他更喜欢管理一个投资于集中股票组合的小型基金。阿比布和科尼克认识到，为了让企业蓬勃发展，他们需要招募更多的经理人来推出其他基金。作为一名自学成才的投资者，阿比布知道自己的局限性，并把目标锁定到那些在更大企业中学习过和有工作经验的人身上。

阿比布开始建立一个由志同道合、不墨守成规的基金经理们组成的小圈子。白手起家的阿比布在一些投资者中找到了志趣相投的人，这些投资者不愿成为主导伦敦金融城的老男孩俱乐部的一员，在金融城要想出人头地，你认识谁和你知道什么一样重要。那些被吸引到亨利镇的人渴望闯出自己的一片天地。鲍勃·耶伯里（Bob Yerbury）是一名经过培训的谨慎精算师，专门研究美股。他蓄着胡子，留着整洁的侧分发型，戴着一副占据半张脸的大眼镜，他的外表和气质都很像一位慈祥的学者。1983 年，他被阿比布从公平与法律（Equity & Law）保险公司挖来，当时阿比布发现了一个以极低价格买入美国股票的机会。

早期招募的另一位员工是曾担任亚洲投资主管的斯科特·麦格拉申（Scott McGlashan）。麦格拉申每天早上要跑 5 英里到办公室，然后在办公桌前接听日本经纪人的电话，很少在午餐之前换下运动服。领导英国团队的是法学院毕业生斯蒂芬·惠特克（Stephen Whittaker），他目光犀利，性格上有些反复无常，常令同事们感到不安。他最初是一名股票经纪人，在伦敦金融城崭露头角，后来在英国最古老的投资管理公司之一——储蓄与繁荣基金（Save & Prosper）

担任基金经理。1987 年，惠特克听说阿比布正在为自己的团队寻找一位英国股票经理，于是他抓住了这个机会，加入了这个规模不大但不断成长的企业。耶伯里回忆说："在亨利镇，当权者把我们视为有些古怪的一群人。"

　　该公司在整个 20 世纪 80 年代迅速发展，吸引了一批狂热的财务顾问，他们希望为客户提供有别于伦敦金融城贵族投资集团和人寿保险公司的服务。阿比布已经在选股方面树立了良好的声誉，而耶伯里、麦格拉申和惠特克等基金经理的业绩也受到了关注。越来越多的投资者和财务顾问听说这群特立独行的基金经理在泰晤士河畔创造了丰厚的回报，以致投入的资金也越来越多。到 1987 年，该公司的 7 只英国基金和 5 只离岸信托基金总共管理着 5 亿英镑资金，税前利润在一年内增长了两倍，达到 435 万英镑。自阿比布白手起家已过了 15 年，他认为现在是时候大赚一笔了。3 月，他以 4 500万英镑的市值实现了永久基金上市，为自己赚了 1 000 万英镑，并仍然保留了该公司 74% 的股份。

　　刚发家的阿比布从他的意外之财中拿出 25 万英镑用于他的第一个爱好——赛马。他花了 3.2 万英镑买了一只栗色的爱尔兰纯种马，并用他在公立学校时的绰号"斯努奇"给它起了名字。这匹马的血统并不令人满意，阿比布的驯马师警告他，由于其后肢发育不全，它的价值不大。但到斯努奇退役时，它还保持着欧洲训练马赢得奖金的最高纪录——超过 120 万英镑，它的最高成就是在 1990 年的 3岁马经典赛中获胜。阿比布让人制作了两尊斯努奇的青铜雕塑，价格是他最初购买这匹种马费用的两倍，在他两处住宅的花园里泛光灯下展出。

　　阿比布在亨利镇的住宅，是一个被列为二级保护的农舍，在镇外有 200 英亩的土地，阿比布花费 25 万英镑建造了一个游泳池，游泳池通过一条有顶棚的人行道与主楼相连。几年来，他与英国关税署（HM Customs and Excise）就游泳池建筑是否是主楼的扩建部分并因此免交增值税进行了长期的诉讼。阿比布最终赢得了这场官司，为自己节省了 4.3 万英镑。这座有 8 个卧室的主楼有 6 个接待室，毗邻的一块土地上有一座独立的四卧室房屋和各种农舍。多年来，这个庄园一直是众多娱乐活动的首选场所。

在 20 世纪 80 年代，永久基金曾在股市上呼风唤雨，但这一切在 1987 年 10 月 19 日发生了改变，当时黑色星期一股市崩盘，永久基金的股价及其股票基金陷入了崩溃。随后几天，富时 100 指数暴跌 23%，较 11 月崩盘前的峰值水平下跌 36%。美国市场也遭遇了类似的动荡。这是永久基金自公司成立以来第一次有投资者逃离。为了重振公司业务，并让那些在经济衰退中储蓄受损的投资者回头，阿比布决定加倍努力，投资那些不那么专注于增长、但能够从股息中提供稳定回报的基金。这些被称为"收益型基金"的投资工具受到英国储户的广泛欢迎，尤其受那些风险偏好受到金融危机冲击的人欢迎。永久基金的英国股票业务主管惠特克需要一名助理，于是他接受阿比布的意见，寻找一名最终能够接手该公司唯一但被忽视的英国收益型基金的人。在该职位的少数几位申请者候选人中，有一个人脱颖而出——自信满满、雄心勃勃的 28 岁青年尼尔·伍德福德。尽管伍德福德当时只管理了一年的资金，但阿比布相信，他的独立个性适合永久基金。几个月后，伍德福德就开始经营永久基金的收益型基金。一年后，他推出了高收益基金，该基金与第一款产品类似，但业绩目标略显激进。

至此，永久基金从哈特街搬到了 17 世纪的老教长宅邸（Old

Rectory），这也是一座二级建筑，坐落在市中心的亨利桥旁。这座漂亮的三层建筑坐落在泰晤士河河畔，有高高的窗扇，从那里可以俯瞰缓缓流淌的泰晤士河。与伦敦市和码头区（Docklands）一座座毫无特色的玻璃塔楼相比，这是一个截然不同的世界。当阿比布接管这座建筑时，它已经残破不堪，摇摇欲坠。他向镇议会承诺，会让这座建筑重现昔日的辉煌。一楼有高天花板的大房间被完整地保留了下来，游客穿过正门时迎接他们的气势恢宏的楼梯也完好无损，但原始的很多细节都被抹去了。屋后是一个有围墙的花园，花园里有一棵漂亮的橡树，后来被闪电击中后烧成了灰烬。

有些人认为永久基金在亨利镇的地理位置使其在竞争中处于劣势，并且如果没有附近的投资集团可供挖人，永久基金就很难招聘到有才华的投资专业人士。几乎可以肯定，任何考虑从其他公司转投该公司的人都必须搬迁到当地。亨利镇没有直达伦敦的火车。这意味着，只有最专注、最敬业的经纪人和银行家——投资界的命脉，他们向需要资金支持的企业介绍基金经理——才会从伦敦出发，在伯克郡的特怀福德（Twyford）换乘火车，全程耗时 80 分钟赶来这里。永久基金的基金经理远离了伦敦金融城的流言蜚语。在伦敦金融城的每个工作日，从午餐时间到深夜，酒吧和餐厅里都充斥着关于潜在交易的讨论。

但对于阿比布来说，所有这些缺陷都被视为积极因素。只有那些最忠诚的经理人、那些认同他精神的人才愿意跳槽到亨利镇，在永久基金谋得一份工作。他们的回报将是在英国风景最美丽的城镇之一及其周边地区生活，这里有好学校，还可以在午餐后沿着泰晤士河畔散步去上班，或者在河边慢跑。一旦定居下来，他们就不想再跳槽——毕竟，谁会放弃高质量的生活，去拥挤的伦敦忍受长途通勤的痛苦呢？亨利镇的交通不便意味着只有那些最渴望加入永久基金的经纪人才会来这里——那些觉得是浪费时间的人则会远离这里。至于他的经理们与伦敦的竞争对手脱节的问题，阿比布认为这同样是一个积极的因素，因为这让他的团队能够独立行动，而不会出现业内其他公司普遍存在的群体思维和从众心理。

阿比布和他的副手、负责业务销售和营销的罗杰·科尼克开始着手打造一个与公司大胆而独特风格相匹配的品牌。科尼克负责公司的销售和营销部门。科尼克选择了尼泊尔阿玛达布朗峰（Ama Dablam）的轮廓作为商标，这座山也被称为"喜马拉雅山脉（Himalayas）的马特洪峰（Matterhorn）"。永久基金赞助了一次登山探险，在半山腰上展示并留下了他们的广告。随着永久基金在英国以外的知名度越来越高，它引起了规模更大的美国保险公司——保诚集团（Prudential Inc.）的注意。这家美国公司的律师投诉称永久基金的名字与自己公司的名字相似，两家公司的商标看起来也太过相似了——保诚集团使用的是直布罗陀（Gibraltar）岩石的图像。科尼克以他一贯的胡搅蛮缠风格驳斥了这一指控。他给美国律师回信，声称他们一定是有阅读障碍从而混淆了这些名字，并坚称永久基金的"道德制高点"在22 494英尺高的阿玛达布朗峰，高耸于仅1 396英尺高的直布罗陀岩石之上。这足以平息保诚集团的抗议。

伍德福德和惠特克的英国股票团队日益壮大。基金经理们挤在教区长以前的客厅里，手肘碰手肘地坐在堆满股票经纪人研究笔记的桌子前，在电话、屏幕和键盘之间争夺空间，从敞开的窗户外传来鸭子的"嘎嘎"叫声和过往游船上的声音。伍德福德坐在管理英国增长基金的惠特克对面。伍德福德的收益型基金更倾向于寻找表现强劲、无论市场状况如何都会派发丰厚股息的公司，而惠特克则负责发现哪些公司会迅速扩张。

永久基金的基金经理们在办公室内外的关系变得密切起来。运动是增进感情的关键。作为一名有成就的运动员，伍德福德在网球、板球、高尔夫球和五人制足球比赛中表现出色，基金经理与销售团队之间会展开激烈的较量。永久基金还赞助了当地的几家体育俱乐部，包括亨利橄榄球队和板球队，员工们经常在比赛时碰面。这里最受欢迎的社交场所是维拉码头（Villa Marina），它是一家家庭经营的意大利餐厅，位于老教区和亨利桥之间。其菜单上有丰盛的食物和各种美味的葡萄酒，而铺着白色亚麻布的桌子则成为河边最佳景观之一。正是在这里，基金经理们在承受了几个小时试图智取市场的压力后，才会彻底放松下来。

一位当时在永久基金工作的销售人员记得，惠特克和伍德福德之间交往并不太多，但他们为财务顾问提供的简单明了的增长和收益型基金有助于建立公司的品牌，尤其是在英国股票方面。"如果客户想要收益，他们会选择伍德福德的基金。"他回忆说，"如果他们想要增长，他们就会选择惠特克的基金——就这么简单。"英国财政大臣尼格尔·劳森在 1986 年的预算中推出了个人股权计划，以鼓励英国公民购买股权。到了 20 世纪 90 年代初，它们已经成为投资经理的重大业务。这些享有税收优惠的投资账户是如今个人储蓄账户（ISAs）的前身，允许个人每年投资不超过 6 000 英镑的基金，其中至少一半投资于以英国为重点的产品，并免除资本利得税和所得税。永久基金因专注于向英国的投资者提供增长或收益的简单服务而很快成为英国个人股权计划基金的领先提供商。每当税收年度即将结束之际，财务顾问和报纸上的个人理财版面总是充斥着关于将剩余年度津贴投资于何处的建议，而伍德福德和惠特克的基金总是榜上有名。永久基金在开拓这一销售渠道方面取得的成功使它被称为"个人股权计划之王"。越来越高的曝光率使伍德福德与英国国内领先的投资专业人士——那些备受尊敬的明星基金经理——站在了同一平台上。

在 20 世纪 80 年代和 90 年代，为了争夺客户，投资集团往往不惜重金宣传与推销各自的基金经理。他们选择的投资者，既要让他们有高于竞争对手的业绩，又要能在客户会议和媒体采访中表现出色。很快，一批精英投资者出现了。他们被称为"明星经理"，他们的雇主大力推销他们，有影响力的财务顾问也向自己的客户推荐他们。这一策略旨在挖掘史前人类的特点，即更愿意追随领导者而不是团队，并且奏效了。这些"巨星"投资者管理的基金受到了媒体的大量关注，因为商业记者们总是在寻找一个人性化的角度，渲染原本可能枯燥的财经故事，因此他们争相采访和报道最知名的基金经理。投资者对那些不仅能证明其丰厚回报，还能坚定地阐述自己对市场走向看法的基金经理充满信心。

公司越是推崇他们最耀眼的明星，就越依赖明星基金经理来吸引和留住客户。就像在一支由受欢迎和有天赋的足球运动员组成的球队中一样，话语权很快就从高管层转移到了最有成就的球员身上。成功的基金经理能够要求越来越高的薪酬，最顶尖的人每年可以获得数百万美元的奖金。高管们知道，如果他们失去了这些引人注目的员工——他们是公司获得丰厚利润不可或缺的重要组成部分，就可能会危及公司的未来发展。围绕着最知名的基金经理形成了一种个人崇拜，他们以新获得的财富过着摇滚明星般的生活，购买豪车和豪宅。

波士顿富达投资（Fidelity Investments）的彼得·林奇（Peter

Lynch）就是先锋明星基金经理之一。林奇第一次引起富达总裁乔治·沙利文（George Sullivan）的注意，是他在马萨诸塞州（Massachusetts）布雷·伯恩乡村俱乐部（Brae Burn Country Club）为沙利文当球童时。他于 1966 年加入该公司，1977 年获得了麦哲伦基金（Magellan Fund）的经营权。该基金规模较小，知名度相对较低。在 13 年的时间里，林奇管理的该基金从 2 000 万美元增长到 140 亿美元，这是投资行业的最佳连胜纪录之一。在此期间，林奇的年平均回报率为 29%，是美国最大上市公司标准普尔 500 指数（S&P 500）的两倍多。获利的不只是他的投资者。《波士顿杂志》（*Boston Magazine*）曾估计他的个人财富为 3.52 亿英镑。另一位备受追捧的美国投资者比尔·米勒（Bill Miller）是总部位于巴尔的摩（Baltimore）的美盛（Legg Mason）资本市场价值信托基金（Capital Market Value Trust）的负责人，他是 15 年来唯一一位跑赢标准普尔 500 指数的基金经理，因此吸引了大批顾问和客户。在英国，逆势逢低买入的投资者安东尼·波顿（Anthony Bolton）是整个 20 世纪 80 年代和 90 年代的行业领军人物。他负责管理富达的国际业务的特殊情况基金（Special Situations Fund），在 28 年的时间里为客户创造了平均 19.5% 的年回报率。

明星基金经理最狂热的信徒是一大批财务顾问，尤其是那些追求高知名度的人。很快，一小群顾问开始变得像他们所称赞的基金经理一样杰出。他们把自己标榜为投资行业的独立专家，会花大量时间与那些他们将推荐给客户的基金经理闲聊，就像他们花大量时间吸引金融媒体的注意一样。投资公司知道从这些有实力的中间商处获得大力支持的价值，因此将很大一部分营销预算用于举办社交活动和聚会，以建立更密切的关系。

英国最大的投资中介机构哈格里夫斯·兰斯多恩公司的研究主管马克·丹皮尔就是这群自我宣传者中的头号人物，他曾将自己描述为"媒体达人"。丹皮尔头发蓬松，胡须修剪得很短，看起来更像是地理老师，而不是财务顾问，但他总是可以向媒体发表关于哪些基金经理受到欢迎或不受欢迎的看法。丹皮尔在 20 世纪 90 年代中期开始与伍德福德建立关系。他在伍德福德身上看到了一种与自己类似的精神，这位投资者对市场有强烈的看法，并坚持自己的信念。丹皮尔迷上了伍德福德，并向所有愿意倾听的人推荐他的基金，甚至称自己是"伍德福德的粉丝"。"在我看来，尼尔·伍德福德是目前英国最好的基金经理。"丹皮尔在 2015 年出版的《有效投资》（*Effective Investing*）一书中写道，"他从普通基金经理中脱颖而出的原因在于，他愿意冒着风险押注那些他看好的公司和行业，而他不喜欢的领域……他则完全避开。"丹皮尔补充说："我投资伍德福德的基金已经将近 20 年了，从来没有后悔过。"

为了宣传永久基金旗下的明星，销售团队组织了路演。顶级投资经理和销售人员周游全国数周，在酒店会见客户，在销售会议和研讨会上向更多的财务顾问发表演讲。伍德福德以其坦率的观点和直率的表达很快成了明星，在包括伦敦市中心豪华的萨沃伊酒店（Savoy Hotel）在内的场所的演讲经常吸引多达 250 名观众。但面对一大群人演讲并不是伍德福德的强项——他更喜欢与顾问们的亲密聚会。永久基金经常在伦敦最古老、最豪华的餐厅之一科文特花园（Covent Garden）的规则厅定期与十几位最受欢迎的客户共进午餐——这些客户可以信赖，并为公司带来了大量业务。正是在这里，伍德福德独树一帜，通过对其投资组合和更广泛的投资市场的即兴评论，向顾问们推销与示好。

伍德福德通常早上 8 点刚过就到办公室，用整个上午的时间接听分析师和经纪人的电话，他会一边讨论他投资组合中的公司，一边在屏幕上观察市场行情。他坚持一种直截了当的策略，即确定他预计在三到五年内表现良好的行业，然后挑选该行业最好的公司。相较于选择能够快速增值的廉价企业，更重要的是选择能够持续繁荣的实力强大的企业。他会说："要确保你投资的是公司，而不是股价。"他曾对《观察家报》（Observer）的一名记者说："取得业绩的关键往往不是你得到了什么，而是你没有得到什么。重要的是避开市场上的问题股票和企业黑洞。"不幸的是，后来他自己都忽略了这个建议。

伍德福德最喜欢的行业是烟草行业，由于烟草与致命疾病之间有着紧密的联系，再加上针对最大生产商的诉讼日益增多，烟草行业已成为大多数主流投资者避之不及的毒药。1997 年，施罗德证券（Schroders Securities）一位名叫保罗·霍奇斯（Paul Hodges）的保险分析师写了一篇颇具影响力的论文，认为大型烟草公司面临的潜在诉讼的风险远低于人们的普遍认知，该行业被低估了。伍德福德接受了这一观点，并将香烟制造商视为拥有强大客户群、利润很高的企业。他还认为，这个市场的进入门槛非常高，以至于大公司被新进入者颠覆的可能性很小。伍德福德曾是他的前雇主英美烟草集团的最大股东之一，该集团是好彩（Lucky Strike）香烟和本森汉森（Benson & Hedges）香烟的制造商，只是在公司高管 20 多年来首次未能增加公司股息，导致公司股价下跌 4% 时，伍德福德才对其进行了抨击。"一家声称致力于股东价值的公司决定不花 2 400 万英镑增加股息，结果股东们现在损失了 6.21 亿英镑。这是我经历过的最奇怪的决定之一。"伍德福德向《泰晤士报》抱怨道。

永久基金在亨利镇总部的另一个优势，就是远离伦敦激烈竞争的舒适乡村环境。在 7 月的第一周，小镇举办了世界上最著名的赛艇节——皇家赛艇会（Royal Regatta）。作为英国社交季节的一项重要赛事，赛艇会吸引了很多这个国家的富人，在某些时候，赛事的吸引力不仅在于运动，还在于观赏和被观赏。该活动在数千名企业高管中也备受欢迎，他们在阳光明媚的日子里外出享受公司的款待。在将近两英里的河岸上挤满了遵守赛艇会严格着装要求的参与者：男人穿着斜纹棉布裤、条纹西装外套和划船衫，女人穿着花连衣裙、戴着奢侈的帽子，每个人都喝着香槟和皮姆酒。河上挤满了接待的船只，它们在赛艇旁边晃来晃去、颠簸前行。

虽然俯瞰终点线的会员管理区是赛道上最独特的区域，但最热门的是参加永久基金在老教区宅邸举办的年度盛会，那里可以欣赏到最佳的河景。罗杰·科尼克回忆道："这是一个不容错过的好机会。"客人们先是在围墙内的花园里畅饮，然后享用一顿丰盛的、使用银制器具的午餐，最后获准进入管理区。顶级客户和公司股东都将受到邀请，与行业领军人物和永久基金的明星基金经理团队进行交流，他们一边喝着香槟，一边大口吃着龙虾。对于全国各地的许多独立财务顾问来说，这是一年中的亮点。

到 20 世纪 90 年代中期，永久基金的资产已增至 40 多亿英镑，公司市值约为 4 亿英镑。然而，阿比布对自己白手起家打造的这家企业的兴趣开始减退。他开始被外界的干扰所困扰。1995 年，阿比布卖掉了价值 530 万英镑的永久基金股票，在巴巴多斯（Barbados）西海岸买了三套相邻的房子，随即将它们拆毁，建造了一座宏伟的殖民风格别墅，名为"四面来风"（Four Winds）。这座海滨别墅有六间卧室，采用帕拉迪奥（Palladian）风格设计，用古典的柱子支撑着宝塔屋顶，包括一个庭院和一个通往广阔走廊的宽阔双楼梯。从一楼的阳台可以看到一个游泳池，而吉布斯海滩的白色沙滩离此仅几步之遥。他的邻居包括舞蹈家迈克尔·弗莱利（Michael Flatley）和艺人席拉·布莱克（Cilla Black）。

阿比布继续沉迷于赛马。他拥有 18 匹马：12 匹正在训练，另外6 匹用于繁殖。他还对慈善事业产生了更大的兴趣，成为英国最大的捐赠者之一，并向保守党、当地学校和慈善机构等一系列组织捐款。1994 年，他向亨利河和赛艇博物馆捐赠了 400 万英镑，后来又资助建造了一座奥运会选手史蒂夫·雷德格雷夫（Steve Redgrave）和马修·平森特（Matthew Pinsent）的雕像。

阿比布知道永久基金的优势在于它能够产生丰厚的回报。作为一家独立的小公司，它缺乏比它大得多的竞争对手具有的分销网络和营销预算。如果没有永久基金卓越的声誉，独立财务顾问就没有理由去推广该公司的基金。阿比布引入了一套复杂的计算机系统来衡量基金业绩，并分析发展趋势以及哪些基金经理对公司业绩做出了贡献。该系统不是以绝对值来评估基金的回报，而是根据基金的潜在驱动因素对其进行分类。有了这些见解，阿比布会主持投资团队的月度会议，在会上他会询问每位投资经理各自基金的业绩表现。"基金经理没有秘密。"一位经常参加会议的人士回忆道，"阿比布会拿着一张纸，上面写着每只基金的投资业绩。有趣的是，如果基金经理表现出色，阿比布反而会对他们进行更多的调查。他想知道基金经理是否因为承担了过多的风险而取得了这样的成绩。这是一种有效的方法。"

每月一次的聚会成为永久基金文化的重要组成部分，每位基金经理都知道他们要在同行面前为自己的投资决策负责。投资者们对能够互相交流想法、挖掘集体智慧感到满意，即使当经理们反对他们的投资组合被拆分时，讨论也可能会变得激烈。阿比布密切关注着每一位基金经理的动向。但他承认自己会优先聘用有独立思想的投资者，并让他们按照自己的意愿管理手中的基金。阿比布鼓励他的投资团队建立一种创业文化，并希望他们对自己的基金承担责任。

随着永久基金作为个人股权计划之王在销量排行榜上高居榜首，伍德福德和惠特克的组合继续蓬勃发展。到目前为止，这对搭档是永久基金的宝贵资产，营销团队通过路演和广告活动大力宣传他们。尤其是伍德福德，以他出色的表现和强烈的观点赢得了众多粉丝。不仅在永久基金，而且在整个英国投资领域，他逐渐成为领先的基金经理之一，他的观点经常受到财经媒体的追捧。他发现自己最近的名气及其带来的平台不仅有助于推广他的基金，还能让他影响自己投资的公司决策。1995 年，当英国电讯集团（Telegraph Group）的所有者康拉德·布莱克（Conrad Black）试图收购这家英国报纸出版商少数股东的全部股权时，为该集团提供咨询服务的商业银行罗斯柴尔德（N. M. Rothschild）拒绝以每股 470 便士的价格转让给投资者，声称其每股价值至少为 500 便士。伍德福德是电讯集团的股东，他在周日接受了《独立报》（Independent）的采访，批评罗斯柴尔德拒绝讨论收购要约。后来，作为联合友好（United Friendly）和避难所集团（Refuge Group）两家保险公司的大股东，伍德福德威胁要阻止这两家公司价值 15 亿英镑的合并。"我正在认真考虑投票反对合并。"他在会见两家公司高管和顾问的前一天对英国《金融时报》说，"我觉得这笔交易是仓促完成的，对避难所集团的股东的资产状况认识过少。"经过几个月的争论，伍德福德最终在交易条款优化后同意了合并。英国投资经理很少公开批评他们所投资的公司——大多数人更喜欢在与企业高管的私人会议上表达他们的关切。在美国，越来越多粗暴、激进的投资者找到了自己发声的渠道，他们经常使用这种策略。但伍德福德意识到，他正在成为英国企业界有影响力的人——他并不害怕表达自己的想法与真实感受。

伍德福德喜欢的另一个行业是制药业。他特别喜欢那些规模较大的公司，因为无论经济状况如何，这些公司都能向有需要的客户销售产品，能够让他们持续不断地慷慨支付股息。伍德福德钟爱的两家公司——英国葛兰素威康（Glaxo Wellcome）和史克必成公司（Smithkline Beecham）——多年来一直在考虑合并，创建全球最大的制药企业。作为两家公司最大的股东之一，伍德福德非常清楚它们合并后集团能够节省数亿英镑，这些资金可以再投资于新药的研究和开发。合并后的公司还将拥有令人羡慕的高盈利药物和疫苗组合，以及一系列深受喜爱的消费品，比如水晶莹（Aquafresh）和舒适达（Sensodyne）牙膏，利宾纳（Ribena）和葡萄适（Lucozade）软饮料，这些产品将持续畅销并提供良好的红利。但是，当双方的最初谈判就由哪些高管来管理新企业的问题上陷入僵局时，伍德福德向《华尔街日报》抱怨说："管理层的自我意识太强了，以至于可能会阻碍 200 亿英镑的股东价值。"他还补充说，他感到失望的是"这些非执行董事本应该齐心，但他们并没有"。

伍德福德积极参与企业交易，并因其直言不讳的观点而受到媒体关注，他认为自己不仅仅是一个投资观望者，更是激烈竞争的并购领域中一个强大的参与者。以前他会拨通投资银行家的电话，推销要投资的公司，而现在他会打电话给中介机构，痛斥他们未能就收购达成令人满意的协议，或者建议中介机构安排一项他认为会给自己的投资组合带来巨额回报的交易。银行家们开始害怕来自亨利镇的电话，在那里，越来越咄咄逼人和强硬的伍德福德开始把自己视为英国企业的幕后操纵者。他还抨击其他基金经理未能像他那样对自己投资的公司施加压力。作为几家保险公司的投资者，伍德福德曾公开谈论银行收购这些公司的好处，即如果买家支付高额保费，这些公司的市值可能会增加三分之一。

到 1998 年，永久基金的市值超过 10 亿英镑，拥有 400 名员工。它的规模早已超出了老教区的范围，扩展到镇上的其他几栋大楼，成为镇上最大的雇主。为了容纳不断增加的员工，以及对先进技术和现代化工作环境的需求，公司在镇上修建了一个巨大的新园区——永久公园。它还在老教区的拐角处开发了一座办公大楼，位于亨利镇的车站对面。办公大楼新的红砖墙面和宽阔的拱门是一个大胆的设计，也是一家正在崛起的公司的标志。新的总部需要一个华丽的、引人注目的开幕式——而阿比布知道如何做到这一点。伊丽莎白女王（Queen Elizabeth）计划于 1998 年 11 月访问亨利镇，为新建的河流与赛艇俱乐部（River and Rowing Club）剪彩。作为一个从不错过任何机会的人，阿比布参与了女王访问俱乐部的活动，他设法安排女王在午餐后访问永久基金，并在此时举办，他的公司新总部开业典礼。随后，女王出席了在办公室举行的招待会，会见了工作人员、当地居民和志愿组织的成员。局外人阿比布正在成为权势集团的一分子。

虽然永久基金的公司在扩张，但它的资金却在枯竭。许多亨利镇的基金经理——尤其是伍德福德——都避开了估值飙升至前所未有水平的电信股和科技公司。这些基金经理认为许多新企业成本过高，最终将会崩溃——但其基金业绩因此受到了影响。虽然永久基金在 20 世纪 90 年代初引领潮流，但随着这 10 年接近尾声，它们在竞争对手面前失去了优势。工党领导的新政府决定用个人储蓄账户取代为永久基金带来数十亿英镑业务的个人股权计划，这也令销售团队感到震惊。储蓄者迟迟不愿购买新产品，尤其是那些为投资而设计的产品，永久基金的销售团队发现其最重要的收入来源已经枯竭。"个人股权计划之王"失去了自己的领地。

阿比布看到竞争对手中型管理者和个人股权计划专家 M&G 投资公司于 1999 年 3 月以 19 亿英镑的价格被英国保险公司保诚集团收购，股价溢价 40%，略高于其为客户管理的 185 亿英镑资产的 10%。无论以何种标准衡量，这笔交易都是昂贵的，并且向阿比布展示了大型金融服务提供商在市场上购买投资管理公司的意愿有多强。

阿比布也开始展望他的退休生活。在过去的四分之一个世纪里，他建立了永久基金，在此过程中，他成了英国排名第 43 位的富豪。为了庆祝他的 60 岁生日，阿比布在位于亨利镇的家中举办了一场盛大且奢华的派对——这是他多年来举办的许多大型派对之一。在 500 位嘉宾中，有当地议员、前保守党领袖竞争者迈克尔·赫赛尔廷（Michael Heseltine），保守党财政部部长迈克尔·阿什克罗夫特（Michael Ashcroft），以及前英格兰足球队队长、《当日比赛》（*Match of the Day*）主持人加里·莱因克尔（Gary Lineker）。永久基金的优秀员工伍德福德、耶伯里、惠特克和科尼克也受到邀请。当阿比布穿梭于宾客之间，欣赏着基特与寡妇（Kit and the Widow）的表演时——这对歌舞表演组合高唱着诺埃尔·考沃德（Noel Coward）的小曲，他不知道自己是否还会花时间经营投资公司。他很快就宣布永久基金公司要出售了。

尽管公司发展势头强劲，但阿比布对公司业务的投入却减少了。他将美国股票经理耶伯里提拔为首席投资官，并将让基金经理保持警觉的责任移交给了他。阿比布进一步出售了自己的股份，把更多的时间花在了自己心爱的马匹以及在巴巴多斯的海滨别墅和澳大利亚的房产上。阿比布的慈善事业也用去了他很多的精力。正是在像英国防止虐待儿童协会（NSPCC）这样的儿童慈善机构工作时，他认识了约克公爵（Duke of York）安德鲁王子（Prince Andrew）。2000年1月，就在王子40岁生日前夕，阿比布为他买了飞往巴巴多斯的机票，把他安置在自己的海滨别墅，这样王子就可以在皇家韦斯特摩尔兰德高尔夫球场（Royal Westmoreland course）享受两天高尔夫球运动的乐趣。

有几家公司有意收购永久基金，其中总部设在美国并在伦敦上市的大型基金管理公司景顺集团（Amvescap）表现出了最强烈的意愿。该集团在亚特兰大（Atlanta）有很大的影响力，其首席执行官查尔斯·布雷迪（Charles Brady）正寻求在英国扩大业务。这位身材魁梧的佐治亚州（Georgia）人在景顺集团度过了其职业生涯的大部分时间，并于1978年将该公司从亚特兰大市民和南方银行（Citizens and Southern Bank）剥离出来。他的愿景是创建一个由全球强大企业组成的国际投资管理巨头。在办公室里，他是一个很会使自己放松的老板，除非会见客人，平时他从不穿外套。但他也是一个强硬的谈判者，喜欢做交易。

永久基金的80万零售客户对景顺集团来说非常有诱惑力。景顺集团旗下还有一家与永久基金竞争的景顺资产管理公司（Invesco，简称"景顺资管"）。在很长一段时间里，景顺资管一直在与永久基金竞争，但它已经适应了个人股权计划向个人储蓄账户转变带来的影响，并且接受永久基金在这方面表现得更好。阿比布开始与景顺集团就收购事宜进行谈判，但伍德福德高收益基金的业绩一直困扰着他，该基金目前是公司最受欢迎的产品。在科技、媒体和电信行业规模快速增长的时期，伍德福德还是认为它们过于膨胀，而选择避开，这让他的基金损失惨重。其他投资者被他们所认为的尖端互联网业务所迷惑，对那些只有一个网站和一些知识产权的公司进行了大量投机性投资。所谓的互联网泡沫在2000年3月10日达到顶峰，当时互联网公司的估值达到峰值。在之前的6个月里，伍德福德的高收益基金亏损了13.9%，在97只同类基金中排第95位。连最忠诚的财务顾问也开始对他失去信心，投资者从他的公司撤资超过1亿英镑。阿比布当时告诉同事们，伍德福德在谈判出售永久基金之际不愿投资科技股，不仅是投资风险，也是商业风险。参与谈判的罗杰·科尼克回忆说："有很多公司都在研究股价和伍德福德对科技股的态度，你可以看出他们认为我们是一群恐龙，不想接触我们。"

公司最耀眼的明星表现不佳，在亨利镇内部产生了压力。阿比布不顾一切地想提升糟糕的回报率，以挽救他对景顺集团有利可图的出售。他开始向经理们施压，要求他们考虑对科技公司进行投注，以便从该行业正在飙升的估值中获益。伍德福德和他的经理们面临的是屈服于压力还是坚持己见的选择，他们选择了后者。固执的伍德福德拒绝在他的基金中加入任何一只科技股，但他的投资组合受到市场惩罚的时间越长，他拒绝让步的态度就越令人不安。压力笼罩着伍德福德，他沉浸在工作中，待在办公室的时间越来越长，偶尔去健身房锻炼发泄。鲍勃·耶伯里记得，有天深夜，他发现伍德福德一个人在办公室里，盯着一份科技股估值清单，自言自语道："我简直不敢相信。"伍德福德开始认为他失去工作只是时间问题。

2000年3月12日，在互联网泡沫达到顶峰的两天后，《星期日邮报》（*Mail on Sunday*）公布了一项由 14 名顶级财务顾问参与调查的结果，除两人外，其他所有人都表示他们不再向客户推荐伍德福德的主要基金，还有六人表示他们将从该基金中撤资。伍德福德和永久基金被他们此前支持者们指责"迷失了方向""错过了投资的好时机"。"伍德福德是一位优秀的基金经理，但也许他的自尊心在作怪，"其中一位财务顾问说，"他变得越来越顽固。"哈格里夫斯·兰斯多恩和马克·丹皮尔是仅有的两位没有放弃伍德福德的财务顾问。

然而，伍德福德的坚持已见得到了回报，这不是他职业生涯中的最后一次。随着互联网泡沫破裂，科技、媒体和电信（TMT）股价大跌，伍德福德的基金因为避开了科技股反而迅速超越了竞争对手。在接下来的两个月里，高收益基金实现了 15% 的增速，在同行中排名第二。"真正造就了尼尔的是科技、媒体和电信股泡沫的破裂。"耶伯里说，"因为我们避开了科技股，我们虽被指责过时，但尼尔真正擅长的是抵制投资者的蜂拥抢购。这确实需要很大的胆量。"

尽管在与景顺集团的谈判过程中，永久基金承受着巨大的压力，但阿比布拒绝降价。他要求对方以每股 45 英镑的价格收购他所建立的公司，估值为 13 亿英镑，占其 118 亿英镑资产的 10% 以上。在这个基础上，它的价格甚至比顶尖的 M&G 投资公司的收购价还要高。尽管查尔斯·布雷迪仍然热衷于收购，但事实证明，对于景顺集团的其他高管而言这个价格太高了，该公司在 5 月份中止了谈判。阿比布又去找企业经纪公司美林证券（Merrill Lynch）寻求替代方案。这个强大的英国品牌有很多追求者，但阿比布的要价意味着谈判难以持久。阿比布曾考虑将永久基金与海外及殖民地投资集团合并，但双方未能就条款达成一致。永久基金还吸引了美国花旗银行（Citicorp）和摩根大通（JPMorgan），以及英国保险公司——商联保险（CGNU）的投标。摩根大通曾是一个有力的竞争者，但被大通银行（Chase Bank）收购意味着它不再具有竞争优势。花旗银行和商联保险都不愿意接受阿比布 13 亿英镑的要价。

由于别无选择，阿比布让美林证券又找到景顺集团，该公司股价在一年内上涨了一倍多。景顺集团现在的实力要强大得多，但仍然对阿比布要求的价格感到为难。最终，阿比布和布雷迪达成了共识，对永久基金的估值降为 10.5 亿英镑。阿比布仍通过各种家族信托控制着永久基金 40% 的股份，他最终带着 1.3 亿英镑的现金和 3 亿英镑的景顺集团股份退出了。短短几周内，景顺集团的股价就飙升至 50 美元以上，这一水平在此后的 20 多年里再也没有被超越过。

阿比布将在自己闲置住所里创办的公司发展成为欧洲最大、最成功的投资公司之一，这位积习不改的赌徒又正好在市场最繁荣的时候兑现了他的筹码。

# 05

## 让英格兰中产阶级富裕起来

除了在美国海军中短暂服役，查尔斯·布雷迪的一生都在佐治亚州的亚特兰大度过。尽管如此，这位身材魁梧的商人对投资行业有着全球视野。2000年收购永久基金时，他的宏大计划是将其与景顺集团旗下的另一个英国品牌资产管理公司景顺资产合并，并将其发展成为英国最大的投资企业——景顺基金（Invesco Perpetual）。这两家公司在财务顾问中都很受欢迎，并在散户投资者中有着良好的声誉。然而，对于布雷迪来说，将两家截然不同的企业结合在一起，同时也应保留它们的特质，从而达到微妙的平衡。景顺资管是通过一系列收购建立起来的，公司内部的权力基础位于商业方面。众所周知，这是一家营销驱动型的公司，由销售高管发号施令。对他们来说，成功发展一家投资公司的关键是设计和推出强大的产品，然后大力推广给独立财务顾问和投资者。虽然该公司的基金经理备受尊重，薪酬丰厚，但他们对公司的发展方向几乎没有发言权。尽管他们是不可或缺的员工，但他们要听命于商业老板。相比之下，永久基金是由基金经理大亨们管理的，他们习惯按自己的方式行事。这种管理方式的冲突不会有好结果。

布雷迪的第一项工作是确保明星基金经理——这两家公司的卖

点——继续留任。布雷迪将精力集中在留住具有最大吸引力的经理人上：永久基金的尼尔·伍德福德和斯蒂芬·惠特克，以及景顺资管著名的欧洲选股师罗里·鲍威（Rory Powe）。为了换取他们的忠诚，布雷迪向这三人以及两家公司的另外几位基金经理提出了诱人的一揽子财务方案，其中包括股票期权，让他们锁定在公司至少18个月。他还向伍德福德和惠特克保证，他们可以一如既往地经营自己的基金，不受盛气凌人的老板阻挠。这个财务方案起了作用。

布雷迪面临的下一个问题是如何将两家公司合并在一起。这两家基金虽然吸引了类似的客户，但都有自己的方法和截然不同的价值观。永久基金允许技术娴熟的基金经理自由发挥，而景顺资管则更注重流程和团队的力量，基金经理被限制在严格的规则和风险政策中。20世纪90年代早期，景顺集团的声誉曾因一系列丑闻而受损——包括因对镜报集团（Mirror Group）养老金计划的资产处理不当而被罚款230万英镑，该养老金计划与罗伯特·马克斯韦尔掠夺的4.6亿英镑有关。景顺集团担心还会受到进一步的监管制裁。

景顺资管的基金经理会向客户介绍他们的想法，讨论"公司观点"，而永久基金的投资者则会谈论他们自己的信念。尽管双方的做法存在冲突，但亚特兰大的两位老板认为，最简单的办法是将两个投资团队合并，将永久基金从亨利镇总部撤出，并将公司迁至伦敦金融区。当这个消息传到亨利镇时，一片哗然。永久基金的自我认同很大程度上与员工认为自己与众不同有关。他们认为，距离英国投资行业中心一个多小时的路程，使他们在创业和独立方面比竞争对手更具优势，为镇上最大的雇主工作也增强了他们的自信心。他们是"小池塘里的大鱼"，而这正是他们喜欢的方式。

作为永久基金的主要经理，伍德福德和惠特克不是那种不敢于斗争的人，他们勇敢地面对新老板并告诉他们，除非允许自己和公司的同事留在亨利镇，否则他们将离开公司，他们甚至准备放弃吸引他们留在公司的高薪。威胁起了作用，布雷迪让步了。景顺资管和永久基金的投资团队将暂时分开，各自保持独立，后者将被允许留在他们田园般的河畔基地。"尼尔和斯蒂芬用猎枪对准查尔斯的头，"一位前高管回忆说，"这从根本上改变了英国公司的性质。"

有一段时间，投资团队被分为两个权力中心。永久基金的基金经理们团结在伍德福德周围，伍德福德对权威的蔑视是"亨利方式"的缩影，而鲍威则是景顺资管方面的领军人物。两派之间形成了一种不健康的竞争关系。尽管为同一家公司工作，但两个团队在不同的地方办公，并将彼此视为竞争对手。但没过多久，权力的天平就向伍德福德倾斜了。鲍威的欧洲增长基金（景顺资管的旗舰产品）承担了太大的风险。由于大量投资于前沿科技公司，该公司在互联网泡沫破裂后市值缩水了一半。与此同时，伍德福德的股票却在飙升。他因坚定地反对过度炒作互联网公司的疯狂行为而广受称赞。投资者抛弃了鲍威的基金，他的权力基础也崩溃了。在合并完成的一年内，鲍威辞职成立了自己的对冲基金。永久基金的基金经理们取得了胜利。

伍德福德的声望不断上升，不仅在景顺基金内部，而且在投资者中也是如此。随着互联网泡沫的消散，他的两只主要收益基金表现优异，投资者注意到了这一点。按照股息再投资计算，在 1988 年 2 月他的高收益基金成立时投资 1 万英镑，到 2002 年价值 8 万英镑。如果将同样的 1 万英镑投资于一支跟踪伦敦上市的 600 多家最大公司的富时综合股价指数（FTSE All-Share Index）基金，其价值将低于 5 万英镑。伍德福德正在帮助英格兰中产阶级致富。

很快财务顾问们就开始预测永久基金的两位主要基金经理伍德福德和惠特克的未来。两人都进入了锁定期的最后几个月，在此之后，竞争对手将更容易把他们挖走。顾问们曾目睹其他投资集团，如牛顿投资管理公司（Newton）和木星资产管理公司（Jupiter），在经历公司剧变后所遭遇的基金经理离职潮。由于意识到这样的离职可能会对基金业绩产生严重的连锁反应，许多顾问不再推荐他们的客户投资伍德福德和惠特克的基金产品，当时涉及的资产规模为 60 亿英镑。

就连伍德福德最大的粉丝马克·丹皮尔也不再向哈格里夫斯·兰斯多恩的客户推荐景顺基金的产品，原因是担心该公司内部的重组。"我知道永久基金的基金经理捆绑明年结束，我有点担心他们会全部离开。"他对行业杂志《货币营销》（*Money Marketing*）说，"我不想继续购买基金，然后发现自己必须在三四个月的时间里全部换掉。我现在一点儿都不乐观。"

景顺基金的其他基金经理已经离开了。日本股票专家斯科特·麦格拉申（Scott McGlashan）离职创办了自己的企业，而备受尊敬的欧洲股票主管玛格丽特·罗丹（Margaret Roddan）也离开了公司，计划成立一个与美术有关的基金。罗丹和大多数永久基金的基金经理一样，也是在金融城知名投资集团崭露头角后，于 1992 年搬迁到亨利镇的。几年前，她曾考虑过离开这个行业，但首席投资官鲍勃·耶伯里说服她留了下来。然而，景顺集团收购的剧变迫使她重新考虑自己的未来。景顺集团面临着与伍德福德和惠特克签订新的长期合同上的压力，问题在于脾气暴躁的基金经理伍德福德讨厌自己的工作受到干扰，在与亚特兰大的老板们谈判时，他坚持在管理自己的基金时保留自主权，并要求获得丰厚的薪酬，还威胁说如果他的要求得不到满足，他就辞职。景顺集团的老板们又一次屈服了，并且很高兴能留住他们最知名的英国基金经理。

事实上，与惠特克的谈判更为棘手。幕后的约翰·杜费尔德（John Duffield），这位哈罗校友（Old Harrovian）金融家创立了两家最能体现英国明星基金经理文化的投资集团：木星资产管理公司和新星资产管理公司（New Star）。杜费尔德过去曾与永久基金发生过争执，他指责总部位于亨利镇的永久基金营销团队的广告宣传是"可耻且令人震惊的误导"——永久基金声称自己连续六年被评为年度最佳基金管理公司。但到了 2002 年春天，他更感兴趣的是挖走公司的一位高级经理。5 月，他说服惠特克离开亨利镇，加入自己的新星资产管理公司。伍德福德接替惠特克成为景顺基金英国股票业务主管，成了亨利镇无可争议的阿尔法经理（alpha manager，负责股票阿尔法策略）。

一年后，景顺资管和永久基金的投资团队终于合并，并在亨利镇实现了团队统一———伍德福德在公司内部的霸道影响力粉碎了任何抵制迁出伦敦的力量。这对景顺资管的基金经理的影响是残酷的，其中有 26 人被淘汰。有些人有机会被调到亨利镇，但他们选择了离开。许多景顺资管的基金经理住在赫特福德郡（Hertfordshire）的彼谢普·斯托特福得（Bishop's Stortford）镇及其附近，当他们被告知需要将通勤方式从相对轻松的往返伦敦金融城换成绕 M25 公路到亨利镇时，毅然选择辞职了。裁员不仅限于景顺基金合并后的头几年，该公司员工总数下降了 40%，从 1 451 人降至 900 人以下。在查尔斯·布雷迪的领导下，景顺集团在准备收购永久基金之前吞并了几家公司，现在该公司已经消化不良了。这对其股价的影响是严重的。在宣布收购永久基金的消息后不久，该公司的股价曾涨到了 50 美元，但两年内跌到了 9.21 美元。

尽管英国业务的中断令布雷迪和他在亚特兰大的高管们感到苦恼，但他们正忙于处理一场在国内酝酿已久的丑闻。2003 年 12 月 2 日，好斗的纽约州总检察长艾略特·斯皮策（Eliot Spitzer）和美国监管机构美国证券交易委员会（SEC）宣布，他们将对景顺资管美国分部及其首席执行官雷蒙德·坎宁安（Raymond Cunningham）提出民事欺诈指控。斯皮策有着远大的政治抱负，因其在打击白领犯罪方面的顽强精神而被誉为"华尔街警长"。他指责景顺资管和坎宁安参与了一种被称为"市场择时"的行为。此次调查还殃及了其他几家投资集团。

据斯皮策称，他们允许某些受青睐的客户自由地购入或卖出基金，同时按照基金规则的要求，将散户投资者限定为一年只能进行 4 次交易。投资集团通常会限制客户在其基金中的交易量，以降低管理成本，减少对基金经理的干扰。但斯皮策表示，景顺资管和坎宁安允许少数对冲基金自由买卖——在某些情况下，一年能达到几十次。对冲基金能够将这些投资基金用作交易工具，并从市场的短期波动中获益，而景顺资管则欢迎对冲基金投资的现金，因为这提高了该业务的手续费收入。尽管这种做法并不违法，但斯皮策认为景顺资管没有平等对待所有客户，这迫使基金经理持有更多的现金，以满足突然出现的赎回要求并在不合适的时候出售。结果是使散户投资者遭受了数百万美元的损失。斯皮策在宣布指控时说："高管们明知道'市场择时'对买入并持有型投资者不利，他们却纵容并助长了这种行为，原因是它会带来丰厚的管理费。"消息传出后，景顺集团的股价暴跌。

最初，景顺集团的高管对这些指控进行了反击，声称这些指控是毫无根据的，并称"市场择时"并不违法。他们表示，景顺资管的老板们曾试图阻止，因为这似乎对基金有害。在连续数周的负面新闻促使投资者从景顺资管的基金中撤出资金后，景顺集团承认了其在防止滥用交易方面的失败，并试图与斯皮策和美国证券交易委员会达成协议。景顺集团最终以4.5亿美元的代价与他们达成和解，景顺资管的几位老板则被禁止进入该行业，并因卷入该丑闻而支付了总计34万美元的罚款。第二天，查尔斯·布雷迪宣布他将辞去自己作为联合创办人集团的首席执行官一职，但将继续担任董事长。这是布雷迪13年商业帝国一个不光彩的结局。他的称霸全球的野心最终使公司陷入了过度扩张的境地。

在亨利镇，尼尔·伍德福德的情况有所好转。他的长期盟友鲍勃·耶伯里已被提拔为英国公司的首席执行官兼首席投资官。尽管升职了，耶伯里仍然对他的明星选股人审慎周到，让伍德福德自由管理自己的基金，不受太多干扰。在投资团队中，耶伯里树立了一个很受欢迎的父亲形象，但他不是一个纪律严明的人。如果基金经理做出成绩，他们就可以按照自己的意愿继续经营下去。伍德福德再次发现了他的点石成金之道——他的基金在过去10年里是表现最好的基金之一。他现在控制着60多亿英镑的资金——占该集团在英国资产的三分之一。伍德福德已经成为英国最知名的投资者之一。

亨利镇的生意很好。景顺基金的基金产品——以伍德福德的收益和高收益产品为首，再加上由保罗·考瑟（Paul Causer）和保罗·里德（Paul Reed）的债券组合管理的固定收益基金——在英国广受欢迎，表现强劲。随着财务顾问不断向客户推荐，景顺基金的销售团队和基金经理获得了丰厚的奖金。得益于景顺基金员工购买保时捷、迈凯轮和奥迪等豪华车的热情，牛津郡（Oxfordshire）的豪华汽车经销商生意兴隆。但耶伯里限制员工将跑车开到办公室外，担心这会引起初级和行政职位薪酬较低员工们的不满。然而，这项禁令并没有持续太久。很快，每天早上都有一小群法拉利、兰博基尼和玛莎拉蒂组成的车队出现在亨利镇的办公室外。

鉴于英国和美国公司截然不同的命运，伍德福德、耶伯里和他们的几位同事开始考虑对公司进行管理层收购，并与美国的所有者脱离关系。2005 年，景顺集团聘请了一位新的首席执行官——45 岁的芝加哥人马丁·弗拉纳根（Martin Flanagan），他是从竞争对手富兰克林·邓普顿基金（Franklin Templeton）挖来的。弗拉纳根年纪比伍德福德小 6 个月，是美国投资行业一颗冉冉升起的新星，他对公司有着长远的规划。耶伯里和伍德福德利用美国公司受到干扰的机会，向弗拉纳根提出了分拆英国分部的建议。当弗拉纳根拒绝了这个建议后，他们把注意力转向为自己争取更好的薪酬待遇上。随着美国公司业务的下滑，耶伯里和伍德福德明白，失去他们这两位在英国的领军人物是景顺集团难以承受的。除了丰厚的奖金，他们还要求弗拉纳根制订长期的激励计划来确保忠诚。弗拉纳根在富兰克林·邓普顿基金任职期间就有与大牌基金经理打交道的经验，他终于答应了。

作为英国股票业务的主管，伍德福德建立了一支渴望成功的年轻投资经理团队——他们都希望跟随这位选股大师学习。马克·巴内特（Mark Barnett）的投资方式与伍德福德最为接近。1996 年，他从水星资产管理公司（Mercury Asset Management）辞职后加入永久基金，管理的基金与伍德福德的基金类似，但规模很小。在公司估值方面，两人有着相同的看法。马丁·沃克（Martin Walker）在景顺集团收购之前加入了英国股票团队，并在一些高级的管理人员离任后受益，接管了他们的基金。鲍勃·耶伯里曾经说过，身高 6 英尺 3 英寸，天生自信的沃克是球队中唯一一个有能力与伍德福德抗衡的人。小组中最年轻的是斯蒂芬·安内斯（Stephen Anness），他以实习分析师的身份加入公司，并迅速晋升为投资组合经理。伍德福德将安内斯收入麾下，视他为门生。圈子里的另一位同事是澳大利亚人尼克·汉密尔顿（Nick Hamilton），他担任产品总监，负责把基金经理和销售人员联系起来。这些人形成了一个关系紧密的团体，在开放式办公室围绕着一张长办公桌工作。"团队里没有自我意识——这是一个非常真实的情况。"一位前同事回忆道。团队的午餐也不奢侈——他们会冒险去路边的酒吧或附近的意大利餐厅维拉码头，"这是其魅力的一部分"。

这个团队在工作之余也进行社交活动，周末下午骑着自行车在乡间长途行驶，然后在其中一个伙伴的家中用餐。伍德福德与他的父母和兄弟并不亲近，而是把同事们视为自己的家人。团队成员会一起度假，通常以体能测试为重心。有一次，伍德福德在一周内骑行自行车 800 英里环游西班牙，还有一次则是在希腊群岛游泳 5 天。伍德福德一家喜欢招待客人。在居住过各式各样的房子之后，他们最终选定了一处有七间卧室的豪华房产，距离景顺基金的亨利镇办公室只有几步之遥。当他们搬进去的时候，竟然发现已经有 50 多只兔子在 5 英亩的花园里安家了。经过一番筛选后，他们将这处房产改名为"沃伦之家"（Warren House），并经常在此举办晚会。"这就像一个迷你度假营，"伍德福德曾对《星期日泰晤士报》说，"游泳池里有人，按摩浴缸里有人，游戏室里还有人，我们已经把游戏室改成了健身房。无论谁来这里，都会说：'哇，多可爱的房子啊！'它坐落在一个被林地包围的碗状凹地里——当你开车过去时，你不会一眼看到它，它能带来巨大的惊喜感。"

每年圣诞节，伍德福德都会带着他的团队出去美餐一顿，成员们会轮流成为公司里获得"金卡"或"万金油"（silver bullet）的人。"金卡"留给那些在过去一年中表现良好或特别乐于助人的同事，而那些爱惹麻烦的同事——通常是好管闲事的合规主管，则会得到"万金油"。伍德福德经常把他的"万金油"留给那些他讨厌的、爱管闲事的销售人员。景顺资管和永久基金合并后，景顺资管的几位销售总监在与投资部门打交道时习惯了颐指气使，但在与伍德福德打交道时却经常被粗鲁地对待。伍德福德热衷于展示老板的魅力，经常在公共场合对他们冷言冷语，在开放式的亨利镇办公室里摆出一副咄咄逼人的架势，以表明自己不会听命于职位较低的商业经理。

伍德福德已经成为富裕的亨利镇地区最富有的人之一，他把钱花在与他日益增长的财富相称的地位象征上。他购买了法拉利、保时捷跑车和大量房产，包括被列为二级保护对象的芬格斯特庄园（Fingest House），这是一座有七间卧室的庄园，位于风景如画的汉布尔登山谷（Hambleden Valley），距离亨利镇只有很短的车程。这处房产曾为世界一级方程式锦标赛（F1）巨头弗拉维奥·布里亚托利（Flavio Briatore）所有，拥有酒窖、围墙花园、网球场、槌球草坪和一个带凉亭更衣室的室外游泳池。在它的十英亩土地上还有一间两居室的小屋。伍德福德和乔搬进来并雇用了一些家政人员。但是他们在一起生活20年后，这段感情并没有持续下去。2007年，伍德福德离开了乔，和他的秘书玛德琳·怀特（Madelaine White）走到一起，两人搬进了猎场看守人的小屋，而乔则继续住在离他只有几米远的庄园里。

由于家庭生活一团糟，伍德福德便加倍努力工作。在2008年金融危机爆发前的几年里，伍德福德一直担心经济衰退即将到来，并避开了他认为会受影响最严重的行业。这些行业主要指银行，因为它们面临着由债务驱动的消费水平上升而累积的风险。20世纪90年代末，银行一直是伍德福德基金的最大投资对象之一，但在21世纪初，他逐渐出售了自己在英国最大几家银行的股份。这对收益型基金经理而言是一个巨大的转变，因为银行在富时100指数成分股公司的总股息支付中占了很大一部分。事实上，2008年英国最大的股息派发者是汇丰银行（HSBC）、巴克莱银行（Barclays）和劳埃德银行（Lloyds TSB）。但当银行业危机爆发时，苏格兰皇家银行（Royal Bank of Scotland）和劳埃德银行等机构不得不接受英国纳税人的救助，它们不仅股价暴跌，而且停止支付股息。英国许多最知名的基金经理被这场危机打了个措手不及，尤其是那些大量投资金融股的基金经理。伍德福德的基金也受到了冲击，但绝不是表现最差的。在雷曼兄弟（Lehman Brothers）倒闭后危机肆虐之际，伍德福德的高收益基金遭受重创，2008年9月亏损9%，10月亏损6.2%。但跌幅明显低于大盘，富时综合股价指数在9月和10月分别下跌13.2%和11.9%。但在一年之内，伍德福德就弥补了他基金的损失。和这些基金经理一样，他的投资者在这场危机中也伤痕累累，但并没有完全崩溃。

　　尽管伍德福德承认，他对引发这场金融风暴的美国银行销售的复杂金融工具知之甚少，但他将自己回避银行的原因归结于直觉以及对高水平消费者债务的担忧。财经媒体称赞他准备了投资组合以避开受危机打击最严重的公司，就像他在互联网泡沫破灭时所做的那样。围绕着这位选股明星的神话开始广为流传，他被塑造成一位投资预言家，能在别人无法察觉的情况下发现市场中的危机。

刚刚结束与动荡的金融市场斗争，伍德福德就与来势汹汹的敌人展开了另一场斗争。杰里米·帕克斯曼（Jeremy Paxman）是一位好战的《新闻之夜》（Newsnight）节目主持人，以无情地盘问政客而闻名，他与伍德福德在汉布尔登山谷是近邻。伍德福德提交了一份规划申请，希望在他家附近的斯基尔梅特村（Skirmett）农田上建立一个大型马术中心。他受玛德琳的影响，对骑马极为热情，就像他以前的老板马丁·阿比布一样，这种热情促使他想要购买马匹。该规划建议拆除废旧的农业建筑，修建一个可容纳 28 匹马的马厩、一个骑马区和几栋附属建筑。

然而，该规划在地方议会的网站上公布后，就遭到了由帕克斯曼召集起来的当地居民们的激烈反对。在给地方议会的一封信中，帕克斯曼抱怨说，该开发项目是"巨大的、不美观的、不合适的和不环保的"。前英格兰橄榄球国际选手、英国广播公司（BBC）主持人奈杰尔·斯塔默·史密斯（Nigel Starmer-Smith）也反对这一计划，他的花园就背靠在场地边上。而另一位当地居民抱怨说："它甚至没有奥斯维辛（Auschwitz）的建筑风格，就像一个集中营。"反对者成功了，伍德福德被迫放弃了他的计划。对于伍德福德来说，这是他在亨利镇地区生活的结束，也是新生活的开始。那时，他确立了与玛德琳的新关系，是时候重新开始他的家庭生活了。

伍德福德当时的同事之一安德烈娅·利德索姆（Andrea Leadsom）后来成为保守党议员，并试图挑战特蕾莎·梅（Theresa May）未来的首相地位。她后来还担任过商务秘书。在竞选国家领导人时，利德索姆吹嘘她在景顺基金担任过重要角色，她称自己是"高级投资官和公司治理负责人"。这个职位头衔很浮夸，给人的印象是她曾管理景顺基金投资的公司并负责监管这些公司。除其他关于成为银行家和巴克莱银行有史以来最年轻董事的说法外，利德索姆的简历暗示她是英国金融服务业的领军人物。事实上，保守党议员伯纳德·詹金（Bernard Jenkin）在竞选中支持她时，称赞她曾担任"一家大型投资公司的高级职位，在那里负责管理数百人和数十亿英镑资金"。但事实上，利德索姆在景顺基金的职位要平凡得多，她后来也承认了这一点。

1999 年至 2009 年，利德索姆在亨利镇的办公室工作，担任鲍勃·耶伯里的助理，负责行政和运营工作。在后来的几年里，她以兼职的方式在牛津郡担任议员，同时还在 2010 年的大选中争取成为北安普敦郡南区（South Northamptonshire）的议员。尽管詹金极力称赞，但是利德索姆实际上并没有管理任何人，对投资组合也没有发言权。她在耶伯里的办公室外面有一张办公桌，和耶伯里的秘书一起，负责处理耶伯里不想亲自做的工作。同事们还记得利德索姆参加公司每月的投资委员会会议时，总是第一个到场并给耶伯里拿着咖啡。她戴着一条粗大的珍珠项链，从头到尾认真地做着笔记，但从不参与讨论。

对抗不是耶伯里的风格，所以他委派给利德索姆的主要工作之一就是与基金经理进行定期的合同谈判。因此，公司里的一些人给了她一个非官方的头衔：薪酬和配给主管。在担任这一职务期间，她为包括伍德福德在内的公司高管设计了薪酬结构。薪酬奖励非常慷慨，丰厚的奖金使大多数高级基金经理成为百万富翁。作为明星经理，伍德福德的薪水尤其丰厚。利德索姆根据伍德福德基金的销售情况制定了相应的激励方案。流入的资金越多，他个人赚的就越多。对于基金经理来说，这是一种不同寻常的安排，因为他们的奖金通常与投资业绩挂钩。这意味着他们的利益与客户的利益是一致的。伍德福德也有基于业绩的奖金，但是大多数投资经理不愿使用销售激励措施，因为存在如果基金规模过大，经理就难以有效管理它们的风险。因此，伍德福德非常积极地从投资者那里吸引更多的现金到确保已经很庞大的基金。正是这种薪酬结构最终为伍德福德离开公司埋下了祸根。

另一位员工克雷格·纽曼（Craig Newman）也强烈希望伍德福德的基金继续扩大规模，这个人是公司的零售主管。纽曼长着一张略带顽皮的脸，一头姜黄色的头发，比伍德福德小十岁。纽曼的性格具有两面性——一面是咄咄逼人、粗暴无礼的经理，经常欺负和公开羞辱员工；另一面是忠诚、听话、被上级信任并能不折不扣完成工作的下属。纽曼野心勃勃，痴迷于金钱，他成功地利用了这两种性格特征，在公司里步步高升。他出生在肯特郡的偏伯里（Pembury），是一个瓦匠的儿子，在汤布里奇（Tonbridge）附近长大，曾就读于当地的中学，20多岁时在东佩克姆（East Peckham）和帕多克伍德（Paddock Wood）橄榄球俱乐部从事橄榄球运动。纽曼从学校毕业后就开始了他的职业生涯，先是在康希尔保险公司（Cornhill Insurance）工作，后来在爱尔兰银行（Bank of Ireland）的当地分行工作。二十多岁的时候，他加入了景顺资管位于伦敦的销售部门，并很快开始管理客户服务团队，负责监督呼叫中心和投诉处理人员。为了提高与客户打交道时的语言技巧，纽曼聘请了一位语言学教练。多年来，这位教练一直是他的导师。

2000年，景顺资管与永久基金合并，纽曼获得了零售主管的职位。他一下子就掌管了一个40多人的团队，其团队成员的大部分时间都在四处奔波，会见独立财务顾问并推销公司的基金。纽曼在他的团队中非常不受欢迎，团队成员发现他过分严苛，喜欢在电话里大发脾气。起初，纽曼的老板们认为他管理员工的方式没有什么不妥。在老板们看来，纽曼是坚定而公正的。他严格管理，取得了成绩。他负责的基金增长到80亿英镑，占英国业务资产的相当大一部分。但由于他的行为反复无常，而且随着从事私人项目（包括昂贵的房地产开发项目）的时间越来越长，他逐渐失宠。在同一职位上工作了近10年后，纽曼意识到自己在这家公司的职业发展机会不多了，他需要一个有利可图的退出计划。

纽曼决定讨好伍德福德——他离这位明星经理的轨道越近，他在公司里就能获得越多的权力和保护。纽曼知道这位基金经理需要通过锻炼来释放压力，于是他加入了伍德福德在亨利镇的健身房，甚至还聘请了同一位私人教练。在此之前，伍德福德对纽曼的态度和他对待大多数销售人员的态度是一样的轻蔑，但通过在健身房的力量训练，他们之间开始建立起了联系。这两位同样热爱昂贵跑车的同事很快就在周末开着法拉利赛车进行了一场比赛。

景顺基金已超过富达（Fidelity，富达集团或富达投资），成为英国最大的零售投资管理公司。富达集团的超级巨星经理安东尼·波顿（Anthony Bolton）在创办一只中国基金失败后就退休了，伍德福德取代他成为英国最受欢迎的投资者。景顺基金持有英国数百亿英镑的储蓄，而伍德福德的收益基金和高收益基金占了其中很大一部分。1988年投资于高收益基金的1万英镑到2011年价值超过17.5万英镑，而如果投资于指数基金则其价值仅为8万英镑。这个公司越来越像一个人的表演，而伍德福德有一天可能离开的风险在景顺集团的高管中引起了焦虑。哈格里夫斯·兰斯多恩的马克·丹皮尔对英国《金融时报》说："伍德福德是景顺基金最大的弱点，也是它最大的优势。"

也就是在这个时候，伍德福德开始对小型科技公司产生了浓厚的兴趣。自大学学习农业经济学以来，他一直对生物技术着迷。多年来，他一直投资一些奇怪的小公司。这些公司通常处于发展的早期阶段，需要资金，但具有商业潜力和知识产权。他第一次涉足这一领域是在十多年前——其结果会让大多数投资者终身望而却步，但对于伍德福德来说，这段经历只会增加他对这类企业的兴趣。

1998年，永久基金累计持有英国生物技术公司（British Biotech）9.5%的股份。该公司是英国领先的生物技术公司，致力于在遗传学和疾病相关性的知识基础上开发药物。它是第一家上市的英国生物科技公司，市值一度达到20亿英镑。大部分投资是通过伍德福德的基金运作的。同年的2月13日，他接到了高盛集团（Goldman Sachs）一位分析师的电话，建议他与英国生物技术公司的临床试验负责人安德鲁·米勒（Andrew Millar）会面。一周后，伍德福德和当时的永久基金欧洲投资主管玛格丽特·罗丹前往梅登斯格罗夫（Maidensgrove）的五马蹄铁酒吧（Five Horseshoes）进行秘密会谈，那里距离伍德福德的家只有15分钟的车程。很多基金经理早已对英国生物技术公司在没有特效药物进入市场的情况下花费巨资建造一座新大楼的计划表示担忧。当他俩在酒吧听到米勒的话后，感到非常震惊。在喝了几杯酒后，检举人米勒告诉他们，一系列药物试验并没有按计划进行，但该公司一直在发布关于其进展情况的乐观新闻稿。米勒还说，两家监管机构——欧洲药品评价局（European Medicines Evaluation Agency）和美国证券交易委员会——已经向该公司表达了他们的担忧。这些调查主要集中在两种药物上：一种是治疗急性胰腺炎的药物来昔帕泛（Zacutex），分析师预计该药物的年销售额将达到2.05亿英镑；一种是马立马司他（Marimastat），治疗癌症的药物，预计每年可带来高达 8.75 亿英镑的收入。

在听完米勒令人震惊的叙述后，伍德福德和罗丹决心揭露真相，即使这意味着他们在英国生物技术公司的投资将大幅缩水。他们与该公司的其他股东以及非执行董事进行了沟通。当管理团队发现后，他们解雇了米勒。在伍德福德的鼓励下，米勒向《金融时报》和《泰晤士报》透露了这个消息。然后一切都乱套了。这一事件成为英国企业历史上最大的举报案件之一，令人们对新生的英国生物技术行业信心骤降。英国生物科技公司的股价在公众的口水战之后暴跌，其创始人兼首席执行官被迫辞职。泄露的消息毁掉了这家公司，尽管多年来英国的生物技术初创企业一直在努力筹集资金。伍德福德随后被召至议会的科技特别委员会（Science and Technology Select Committee），与鲍勃·耶伯里和罗丹一起就此案提供证据。当被问及他在揭露内部纷争中扮演的不同寻常的角色时，伍德福德为自己进行了辩护："我同意，当时的情况非常不正常，但我们关注问题的性质本身也非常不正常。"这不会是伍德福德最后一次因为与非常规公司的违规交易而被追究责任。

伍德福德很早就尝到了对依赖于成功临床试验的公司进行灾难性投资的滋味，但是他毫无畏惧。多年来，他向以科学为基础的初创企业投入了少量资金，他相信这些初创企业有潜力成长为有重大发现的大型企业。他对一种新型的英国企业特别感兴趣，这种企业是为了将伦敦金融城的投资注入具有商业潜力的学术研究领域而建立的，也就是所谓的大学衍生企业（university spin-off groups）。他是帝国创新公司（Imperial Innovations）的早期投资者，该公司由帝国理工学院（Imperial College London）的技术转让办公室发展而来，于 2006 年上市，当时已经成立了 58 家衍生企业，并签订了 96 份授权协议。每一家初创公司都需要源源不断的资金来维持运营，但很少有公司能够盈利。就像鲨鱼需要不停地游泳一样，这些企业依赖于稳定的资金流，否则它们就会消亡。这可能会出什么问题呢？

伍德福德后来投资了类似的大学衍生企业 IP 集团（IP Group），该集团虽起源于牛津大学，但多年来与世界各地的研究型大学关系密切，也有大量的科学发现需要资金支持。伍德福德对此类投资的看法类似于风险投资者评估他们投资组合——他们为数十家初创企业提供资金，但只需要一两个公司的价值爆发，就能让所有投资获得丰厚回报。作为英国最大的两家投资基金的经理，伍德福德管理着数百亿英镑的资金。他认为，将数百万英镑的资金投入潜力巨大的小型企业中是值得冒险的。这也加深了他的自我认知，因为他知道自己有能力成就或摧毁这些企业，并对重要的科学突破能否进入市场产生直接影响。

伍德福德的科学投资并非都是通过 IP 集团和帝国创新公司进行的，这两家公司后来合并了。伍德福德对生物技术公司很感兴趣，他愿意投资很少有人愿意进入的领域，这一消息很快在公司经纪人网络中传开了。他还处于一种特殊的地位，坐拥大量现成的资本，他的老板允许他在自己喜欢的领域投资。来自伦敦金融城证券经纪公司的路米斯（Numis）、皮尔亨特（Peel Hunt）和塞科斯（Cenkos）的专家在亨利镇发现了一批乐于接受的听众。伍德福德持有这样一个令人信服的观点：英国是世界上拥有最好的高等教育部门的国家之一，拥有令人羡慕的顶级研究型大学。历史上，这些机构曾开发出突破性发现背后的科学——包括曼彻斯特（Manchester）的计算机存储器、诺丁汉（Nottingham）的核磁共振扫描仪和赫尔（Hull）的液晶显示屏——却缺乏利用其商业价值成功获利的意愿和能力。伍德福德认为，投资经理在提供长期资本以帮助这些企业起步方面发挥着重要作用，这不仅是为了开发重要的科学发现，也是为了英国经济的利益。他继续将大部分资金投资于派发股息的大型英国公司，但也将一小部分不引人注意的资金——通常不到投资组合的5%，投资于有巨大盈利潜力的小公司。

伍德福德有别于其他投资者的另一个特点是，他喜欢购买私人或未上市公司的股份，而大多数零售基金经理都对这些公司避而远之。这些企业没有在证券交易所上市，这意味着它们的股票不能在公开市场上买卖。虽然这些公司中有很多都年轻而有活力，但公共领域中关于它们的信息非常少，而且这些企业的股份也很难出售。根据欧洲的规定，允许个人投资者每日买卖的基金，即所谓的开放式基金在未上市公司的持股比例上限为10%。这是为了确保在市场紧张时期，当投资者集体要求撤回资金时，基金经理能够迅速出售上市股份，而不必转移未上市的股份。如果说伍德福德与一般基金经理相比有什么不同的话，那就是他积极寻找未上市公司，相信这些公司最好的增长年份在私有化的情况下也可以实现。他愿意持有这些公司的股份，并继续资助它们的发展，直到它们最终上市。他认为，如果它们在尚未站稳脚跟时过早上市，任何短期挫折都会受到市场的惩罚。"其他投资者因为没有敏锐的投资眼光和对风险的正确认知而丧失了在这个行业的资格，"伍德福德对英国《金融时报》前编辑杰弗里·欧文（Geoffrey Owen）说，"我的行业有很多问题需要解决。我们的工作是接受储蓄并投资需要资金的企业，但是有太多的中介机构、养老金顾问等阻碍了我们的发展。基金经理被季度业绩所困扰，他们没有能力做好自己的本职工作。"

伍德福德越来越认为自己是这个行业的救世主——唯一愿意支

持这个有可能带来医疗技术革命的行业的主要投资者。他投资拯救了一家濒临破产的公司——电子疗法公司（e-Therapeutics），这是一家总部位于牛津的药理学公司，利用计算机的强大计算能力开发药物。2007年，该公司在英国一级市场创业板（AIM，也称另类投资市场）上市，并开始试验一种新的脑癌药物，这种药物使用了从大麻植物中提取的化学物质的合成版本。但3年后，生物技术行业发展陷入低迷，该公司资金即将耗尽。伍德福德出手相救，注入了1 700万英镑的现金，并拥有了公司的一半股权。他帮助复苏的另一家企业是再生神经元公司（ReNeuron），该公司专注于干细胞研究，并为中风患者开发药物。它于1997年开始运营，但一直难以站稳脚跟。2013年，该公司寻求3 300万英镑的再融资，伍德福德是投资者中的一员。由于这类投资不可避免，伍德福德也遭受了一些冲击。他是植物药生物技术公司（Phytopharm）的长期投资者，这是另一家致力于从植物衍生品中开发药物的公司。到2013年，景顺基金拥有该公司50%以上的股权，但一项帕金森症治疗的临床试验显示其开发的药物的疗效还不如安慰剂，导致其股价下跌80%，该公司也因此倒闭。在景顺基金的月度投资会议上，伍德福德经常被问及他所持有的未上市公司股份的情况——尽管有几次失败经历，但他还是被允许继续追求自己的兴趣。

小公司逐渐成为伍德福德的副业，他主要关注的仍是占他投资组合大部分的英国大型蓝筹股企业。他在20世纪90年代挖掘出来的爱管闲事的本能，随着权力的增长而越发强烈。他的两个主要基金现在是英国最大的基金，这意味着他是英国许多大公司的最大单一股东。2012年，在所谓的"股东的春天"（shareholder spring）期间，他充分彰显了自己的影响力。当时英国投资者对富时100指数成分股公司首席执行官的过高薪酬进行了抨击。阿斯利康（AstraZeneca）在老板大卫·布伦南（David Brennan）领导下经历了一段利润缩水时期后，伍德福德参与了一场幕后活动，目的是罢免他。随后，当富时100指数成分股的防务公司英国宇航系统公司（BAE Systems）与欧洲宇航防务集团（EADS）就380亿欧元的巨额合并交易进行谈判时，伍德福德的破坏性与搅局意味更加明显。景顺基金是英国宇航系统公司的最大股东，持有该公司13%的股份，但伍德福德强烈反对这笔交易，认为它无法实现大量降低成本额的目的或充分提高回报率。他还担心新公司受到政治干预，因为他看到了法国和德国政府多年来对欧洲宇航防务集团的影响。英国宇航系统公司多年来一直是实力雄厚的股息支付者，股息收益率通常为5.5%，而欧洲宇航防务集团的股息收益率则为1.7%。

伍德福德要求英国宇航系统公司的首席执行官金恩（Ian King）到亨利镇向他做出解释。两人进行了几个小时的激烈讨论，在此期间，伍德福德明确表达了他对这笔交易的反对意见。伍德福德随后联系了英国宇航系统公司的其他投资者，向他们说明这笔交易的价值并不高。景顺基金后来向媒体发表了一份长篇声明，阐述了伍德福德对这笔交易的"重大保留意见"，称他"不理解该交易的战略逻辑"。两天后，交易失败。

到2013年，伍德福德已经在亨利镇运营资金长达25年。他代表英国公众管理250亿英镑的储蓄。25年前投资于高收益基金的1万英镑现在价值24万英镑，而如果只追踪富时综合股价指数，则价值为10万英镑。英格兰中产阶级已经变得富裕起来。伍德福德不仅是英国最著名的基金经理、最耀眼的明星选股者，而且是英国企业的董事会里不可忽视的一股力量。此外，他还成为英国新兴科技初创企业领域最有影响力的投资者。一路走来，伍德福德得到了众多财务顾问和成千上万投资者的热烈追捧，他们继续将自己的毕生积蓄托付给他。在外界看来，伍德福德处于事业的巅峰，作为同代人中最重要的投资者，他的声誉已经在人们心中根深蒂固。他的职业生涯中曾有过两次濒临"死亡"的经历——互联网泡沫破灭和金融危机，之后他变得更加坚强。他高度自信，因为他知道自己已经从人生中最大的两场赌博中脱颖而出，紧握胜利之手。然而，美好的时光总是很短暂。

# 06

可恨的美国人

科茨沃尔德（Cotswolds）庄园占地 1 045 英亩，位于连绵起伏的格洛斯特郡（Gloucestershire）乡间，面积几乎是伦敦奥林匹克公园（Olympic Park）的两倍。干石砌成的围墙和树篱环绕着农田，庄园的栏杆和锻铁大门让外人与庄园保持着体面的距离。2013 年，尼尔·伍德福德和他的未婚妻玛德琳·怀特以 1 370 万英镑的价格买下了这处房产。然后，他们开始收购相邻的几块土地，并美化庄园，以符合他们心目中田园风光的形象。

伍德福德在大学学习农业经济学时就对农业产生了浓厚的兴趣。他花了很大的价钱，在这片土地上种植了成片的树木，引进了稀有品种的绵羊，同时继续种植并收获冬季谷物和油菜籽。牲畜数量的增加需要建造更多的粮仓和三个新的谷仓。他还在一个单层的能源中心建造了一个生物质锅炉，该能源中心由天然瓦砾石制成，屋顶是板岩，以取代此前的燃油供暖系统。新锅炉使用的是可持续的木屑颗粒，为了定期用卡车运送燃料，伍德福德在一排树木后面重新修建了一条车道，这样就能避开主屋的视线。在他们向当地议会提交的规划申请中，这对夫妇强调，他们"希望利用可再生技术来减少对化石燃料的依赖和碳排放"。（伍德福德的绿色环保意识并没有延伸到他的驾驶习惯上。他搭建了一个新的车库来停放他的保时捷、法拉利、奥迪和路虎等豪车。）

然而，搬到切林顿（Cherington）村附近的主要原因是玛德琳沉迷于骑马，伍德福德也同样对这一消遣着迷。虽然这对夫妇在白金汉郡（Buckinghamshire）的著名邻居曾就建造大型马术中心的计划与他们发生争执，但科茨沃德是真正的马术之乡。在这里，他们发现在自己的土地上建造几个马厩以容纳正在成长的 18 匹赛马，以及室内、室外训练场和一个全尺寸的盛装舞步马房，没有任何阻力。这一地理位置为这位基金经理提供了进入英格兰马术精英阶层的机会。伊丽莎白女王的孙女、前世界和欧洲三日赛冠军扎拉·廷德尔（Zara Tindall）是他的邻居。廷德尔的农场坐落在她母亲安妮公主（Princess Anne）的 600 英亩庄园里，安妮公主也曾是一位欧洲马术冠军和奥运会选手。每年 8 月份，女王的女儿在盖特康比公园（Gatcombe Park）举办英国马术节，这是骑马季的一项重要活动。

虽然伍德福德在工作之外进入了新的社交圈，但在职业上，他已经牢固地扎根于体制内。他作为英国主要投资者的声誉从未像现在这样高，以至于他被要求以重要证人的身份出席一项开创性的政府调查，了解股市在促进长期决策方面的有效性。多年来，政策制定者、学者和公司治理专家越来越担心金融市场缺乏问责机制。机构投资者和中介机构的兴起，英国公司中外国投资者数量的不断增加，加深了英国公众（他们的养老金储蓄是英国经济的支柱）与依赖资本的公司老板之间的鸿沟。20 世纪 60 年代，54% 的英国股票由个人投资者直接持有，到 2010 年，这一比例已降至 11.5%。这产生了经济学家所说的代理问题，即决定投资哪些公司并被信任来对这些公司负责的人——基金经理，与资金的所有者相距甚远。当双方对投资的最佳结果有不同看法时，就产生了利益冲突。

与此相关的是，投资市场的重点从拥有股票转向了交易股票。人们越来越担心，如果投资链上的不同人——从储户到顾问、基金经理、公司高管和其他公司利益相关者——拥有不同的激励机制，就会创造出一个难以使企业长期健康发展的市场。尽管养老金储蓄者可能更喜欢投资成长型公司，并在未来数年内可以提供丰厚的股息，但根据短期业绩获得奖金的基金经理和公司高管可能会有截然不同的想法。在 20 世纪 60 年代，投资者平均持有英国公司股份时间为 8 年，但到 2007 年，这一时间已降至 7 个半月。

2011 年，卡梅伦 – 克莱格（Cameron–Clegg）联合政府的自由民主党商务大臣文斯·凯布尔（Vince Cable）邀请经济学家、英国《金融时报》专栏作家约翰·凯（John Kay）调查股市是否能激励英国企业创新以及是否有助于提高员工技能——如果没有，可以做些什么来弥补这些缺陷。调查征求了该国最重要的公司治理专家的意见，包括伍德福德，他是小组中唯一的基金经理。伍德福德在互联网泡沫和金融危机中的表现，使他作为最有耐心投资者的声誉得到了提升——或者说，在其他人看来，他纯粹的本性得以突出。作为凯审查（Kay Review）的一部分，伍德福德在向英国议会商业、创新和技能特别委员会（Business, Innovation and Skills Select Committee）提供证据时，为长期投资进行了慷慨的辩护："如果你相信在第一个令人失望的消息或发现第一个机会时，就可以退出股份转向其他领域，那么你就永远不会像一个股东那样思考，因此你就不会积极参与该企业。"他说："所有权是至关重要的——既代表资产所有者，也代表资产管理者的所有权意识。"在 2012 年最终出版时，凯审查的 4 万字报告将伍德福德对长期、耐心持股的承诺奉为灯塔。

然而，当伍德福德的股票在外界高歌猛进时，亨利镇办公室内部却充满了紧张气氛。亚特兰大的老板们越来越担心英国公司对伍德福德品牌实力和其基金规模的依赖，伍德福德管理的基金加起来是英国公司 700 亿英镑资产中的 300 多亿英镑。按照 0.7% 的平均年费计算，即每投资 1 000 英镑，伍德福德的基金就会有 7 英镑的收入——伍德福德的基金每年会为公司带来约 2.1 亿英镑的收入。景顺基金越来越被外界视为独角戏。对于许多独立财务顾问和投资者来说，这家公司就是伍德福德的代名词。为了限制这种依赖，景顺集团的高管们决定将营销和推广预算从伍德福德的主要基金中分离出来转向小型理财产品。这激怒了伍德福德，该公司的奖金结构——由安德烈娅·利德索姆设计——严重偏向于通过吸引更多资本来扩大基金规模。伍德福德对亚特兰大老板们的干涉很反感，并在公司首席执行官马丁·弗拉纳根前往亨利镇的时候拒绝见他。"又是那些'可恨的美国人'。"伍德福德当时的一位同事回忆说。作为该公司的明星人物，伍德福德感到自己的力量被削弱了。对他来说，这是一种极不尊重他的表现。

英国的管理团队已经发生了变化，伍德福德发现自己很难为所欲为了。鲍勃·耶伯里已经退休，将首席投资官的职位交给了从百达资产管理公司（Pictet Asset Management）招聘来的尼克·穆斯托（Nick Mustoe）。伍德福德显然是接替耶伯里的最佳候选人，但他想继续管理自己的基金，所以这个想法很快就被否决了。尽管穆斯托是伍德福德的上司，但伍德福德还是任命委员会的成员。伍德福德还坚称他直接向英国首席执行官汇报而不是穆斯托。与耶伯里相比，这位新任首席投资官在管理自主投资者团队方面更愿意亲力亲为。

穆斯托是在金融危机后加入的，他希望对公司的风险管理进行更强有力的监督。美国高管们还空降了一位新任首席执行官来管理英国业务——马克·阿莫尔（Mark Armour），这位言辞强硬的澳大利亚人已在该公司工作了10多年。伍德福德认为，阿莫尔和穆斯托是按照亚特兰大高管的命令来控制亨利镇基金经理的，而这些基金经理面对美国老板并不惧怕。在奥地利滑雪胜地基茨比厄尔（Kitzbühel）举行的一次投资峰会上，伍德福德向与会的财务顾问公开抱怨说，他越来越对"亚特兰大的美国佬感到恼火"。"在办公室里，你知道尼尔什么时候最暴躁，"一位伍德福德的前同事回忆道，"安全门安装的是磁力锁。尼尔是个强壮的人——他会拒绝使用安全通行证。如果他生气了，他会生硬地直接把门拉开。你只会感受到强烈的震动。你可以想象亨利镇的设备团队换了多少电磁锁。"

与此同时，伍德福德的健身伙伴克雷格·纽曼也感到自己的权力被削弱了。作为伍德福德基金的销售主管，当公司决定减少时间和精力来销售公司最大、收入最高的产品时，他也为此感到不公。纽曼与他的老板景顺基金的分销主管伊恩·特雷弗斯（Ian Trevers）的关系也很紧张。纽曼很会利用伍德福德的怨恨与不满情绪。他让这位选股人相信，尽管他已经在该公司工作了25年，帮助该公司成为欧洲最著名的投资公司之一，但在经营公司的那些跳梁小丑眼中，他不过是一种商品，可以被随心所欲地利用或抛弃。"克雷格和尼尔的共同点是他们不应该对任何人负责——这不是他们的基因。"一位伍德福德的前同事说。

伍德福德的怨恨很快蔓延到他的英国股票团队的其他成员身上，他越来越认为这些人都在搭便车。马克·巴内特、马丁·沃克和斯蒂芬·安内斯曾经是他的亲密伙伴，而现在他们只是他的附庸者。

在维拉码头和附近酒吧的团队午餐几乎停止了，亨利镇和科茨沃尔德之间的地理距离意味着下班后的社交活动也已经结束。伍德福德放弃了和朋友们在周末的长距离自行车骑行，而是和玛德琳一起参加马术比赛。随着英国股市的紧张局势加剧，伍德福德下令建造了一个玻璃隔断，这样他就可以与团队的其他成员隔离开来。他还与欧洲股票团队的经理们争吵，认为英国的处境比欧洲大陆其他国家好得多，欧洲大陆正处于内爆的边缘，欧元很快就会崩溃。在亨利镇生活和工作了很多年之后，最终伍德福德与朋友和同事断绝了联系。如果他能搬到科茨沃尔德，那又有什么能阻止他离开景顺基金呢？"公司发生了变化，尼尔对公司的态度变得咄咄逼人，认为有某些人在与他作对。"一位前同事说，"克雷格·纽曼肯定助长了这种妄想症。"

伍德福德越来越好战的行为不只局限于亨利镇的办公室。他已获得蓝筹股公司董事会祸害的名声，并通过一系列引人注意的争斗而得以放大。引起媒体注意的是斯托巴特集团（Stobart Group，斯托巴特）的董事会。该集团是一个由不同企业组成的联合体，以其深绿色涂装的埃迪·斯托巴特（Eddie Stobart）铰接式卡车系列而闻名。早在几年前，该公司就已加入富时250指数（FTSE 250），并参与了英国电视五台一档颇受欢迎的真人秀节目《埃迪·斯托巴特：卡车技能大赛》（*Eddie Stobart: Trucks & Trailers*）。伍德福德认识了斯托巴特集团特立独行的首席执行官安德鲁·廷克勒（Andrew Tinkler）。廷克勒是一位白手起家的百万富翁，于2007年接管了斯托巴特集团。虽然该公司是英国最大的公路运输公司的代名词，但它也拥有广泛的其他业务，包括大型仓库物业组合、利物浦附近的威德尼斯（Widnes）港口、绍森德（Southend）机场和卡莱尔

（Carlisle）机场、一个工程服务部门和一个为能源生产提供生物质能的部门。

但到了 2013 年，该公司的业绩开始下滑。它的股价在两年内下降了一半，被迫发布了盈利预警。伍德福德对廷克勒失去了耐心，作为控制了该公司 36% 股权的最大股东，他展示了自己的实力。他迫使董事长罗德尼·贝克－贝茨（Rodney Baker-Bates）下台，并由一年前加入该企业的廷克勒的副首席执行官艾薇儿·帕尔默－鲍纳克（Avril Palmer-Baunack）接任。伍德福德在帕尔默－鲍纳克执掌事故索赔处理公司海菲尔（Helphire）的时候就认识她了。当时，伍德福德说服帕尔默－鲍纳克对公司董事会进行改革，撤换了董事长和两名非执行董事，其中包括前保守党领袖迈克尔·霍华德（Michael Howard）。现在伍德福德想让帕尔默－鲍纳克拆散斯托巴特集团。伍德福德当时说："董事会需要更换领导层，艾薇儿非常适合这个角色。"帕尔默－鲍纳克成为执行主席后，廷克勒还得向他的副手汇报工作，这样一个奇怪的安排势必会带来紧张的气氛。这一任命也违反了英国公司的治理准则，即董事长应该是独立的。就在几个月前，伍德福德因其在长期投资方面的凯审查中所扮演的角色还受到了公司治理专家的称赞，而现在，他正在通过强制推行一种不受欢迎的治理结构来考验专家们的耐心。

伍德福德把他的一些愤怒投向了那些干涉他所投资行业的政客们，他认为这些干涉并不必要。当时的工党领袖爱德华·米利班德（Ed Miliband）在提议对能源法案实行价格上限时遭到了伍德福德的尖锐批评。伍德福德认为这将阻止联合政府所说的数十亿美元的行业投资。能源价格已经成为一个极具争议的政治问题，伍德福德卷入了这场漩涡。这位选股人宣布："我们这里有一位严肃的政治家，他站起来说了他想说的话，我认为这一下子就摧毁了从现在到下次选举期间进行投资的任何机会。"伍德福德持有英国天然气公司旗下森特理克（Centrica）公司 10 亿英镑资产，是其最大投资者。他还是另一家富时 100 指数能源公司——英国电力公司（SSE）的大股东。他补充说："如果森特理克和英国电力公司向零售市场供应天然气和电力赚不到钱，那么他们就不会供应。灯光将熄灭，经济将停滞。"他将米利班德的提议描述为"在这个国家需要尽可能多的帮助的时候破坏经济，这是疯狂的。不仅如此，向选民暗示电力和天然气价格之所以如此之高，是因为这些公司牟取暴利，这从根本上也是不诚实的"。

伍德福德不再只是英国最知名的基金经理；他越来越被视为英国商界最有影响力的人物。他私下的干预和公开的情绪爆发可能会导致董事会分裂、公司倒闭。他的名气很大，不仅出现在个人财经版面上，还出现在国内大报和中端报纸上更广泛的商业和国家新闻版面。随着他个人品牌的成长与发展，越来越多的储户委托他保管他们的钱。最重要的是在女王的生日授勋名单上，他被授予"大英帝国骑士勋章"（Commander of the British Empire），以表彰他对经济的贡献。

伍德福德的两个主要基金——收益和高收益基金，规模都超过了 100 亿英镑，超过了许多小国的经济规模。它们的规模如此之大，以至于一些财务顾问开始担心。私人财富管理公司桑勒姆（Sanlam）的报告建议客户出售所持基金，称这些基金的庞大规模意味着一旦市场发生变化，伍德福德将很难及时调整投资组合。报告警告说，伍德福德投入精力的投资数量相对较少，由于基金的规模太大，他不得不在这些公司持有大量头寸，通常是股东名册上最大的投资者，在某些情况下拥有超过三分之一的公司股份。这些巨额股份将很难出售，也意味着这些基金与一小部分公司的命运紧密相连。桑勒姆的报告还指出，伍德福德的防御型投资风格意味着该基金很少能从强劲的市场反弹中获益，而是在市场低迷时才开始获利。该投资组合持有股份的前十大公司，包括制药公司阿斯利康、葛兰素史克和罗氏（Roche），香烟制造商英美烟和帝国烟草（Imperial Tobacco），以及另外两家富时指数的中坚力量——英国电信和英国宇航系统公司，其中的资产占该基金总资产的一半以上。

桑勒姆的报告促使财务顾问们更仔细地审视他们向客户推荐的伍德福德基金，他们想知道伍德福德是否正成为自己成功的牺牲品。但伍德福德的"啦啦队"队长马克·丹皮尔再次为他辩护，哈格里夫斯·兰斯多恩公司的研究主管已经说服了该基金超市的客户将超过50亿英镑的储蓄资金存入伍德福德基金。"尽管基金规模无疑会影响投资过程，但我相信伍德福德的风格让他能够成功地管理与运作大笔资金。"丹皮尔在《独立报》的每周专栏中写道，"和以往一样，他已经清楚地表达了自己的观点，所以个人投资者要决定是否同意他的立场并据此进行投资。我在自己的投资组合中保留了大量他的基金，我把它视为核心持有。我很乐意忽略暂时的言论，继续支持我们这个时代最成功的英国基金经理之一。"

伍德福德几乎所有的资金都用来投资英国大型蓝筹公司，这些公司可以提供稳定的股息。伍德福德相信这些企业，他认为这些企业的价值被其他投资者低估了，而且它们有足够的韧性来抵御经济衰退。但他对小型未上市公司和创业初期公司仍有兴趣。他持有大约20种此类投资，在投资组合中所占比例略低于5%。他相信，这些企业在未来10到15年会取得巨大成功。到目前为止，伍德福德利用他的各种基金控制着 330 亿英镑资产——包括收益和高收益基金、上市的爱丁堡投资信托公司（Edinburgh Investment Trust）以及代表圣詹姆斯广场等集团管理的各种独立账户。这些资产在十年内增长了十倍。伍德福德在大型、家喻户晓的公司上的大赌注吸引了最多关注，而他对未上市公司中私募股权式的持股却没有引起人们多少兴趣。但未上市公司的价值很快就超过了 10 亿英镑——对于一个因投资大盘股而成名并吸引了一批忠实追随者的基金经理来说，这是一个巨大的风险敞口。亚特兰大的高管们当然没有忽视对未上市公司的投资。但这是一项特别的投资，使他们受到了惊吓而采取了行动。

希乐克公司（Xyleco）总部位于马萨诸塞州，创始人是马歇尔·梅多夫（Marshall Medoff），他是一位古怪的八旬老人，没有正式的科学背景，但怀有一种救世主情结。在他快 50 岁的时候，开始痴迷于环境问题，并放弃了自己在商界的事业，全身心地投入科学研究中。15 年来，梅多夫把自己锁在一个偏远仓库的车库里，研读了成堆的学术论文。他提出了大量的想法并申请专利。很快，他的专利数量就超过了 3 000 项，装着这些文件的箱子多得都堆到了车库的天花板上。他的几个想法集中在将生物质——如附近农场的废玉米棒——转化为有用的产品。梅多夫声称，他正在通过生产以植物为基础材料的塑料替代品来"拯救世界"，在引来赞美的同时还有嘲笑。为了帮助企业合法化，梅多夫招募了一批明星级董事，由诺贝尔奖得主和美国前政治家组成，包括美国前国防部长威廉·佩里（William Perry）、美国前国务卿乔治·舒尔茨（George Shultz）和美国前能源部长朱棣文（Steven Chu）。佩里和舒尔茨都是西拉诺斯公司（Theranos）的董事会成员，这家公司曾被大肆炒作的血液检测后来被揭露是硅谷最大的欺诈行为。

梅多夫怪异的商业计划中的某些东西说服伍德福德做出了他一生中最奢侈、最灾难性的投资决定。那一刻，他放弃了自己在25年的资金管理过程中积累的所有经验，决定加倍投资于一家私人企业，这将让大多数主流基金经理都参与进来。外泄的景顺基金销售文件显示，伍德福德从自己的资金中拿出2.52亿英镑给了这家合资公司。作为回报，他获得了该公司7.6%的股份，该公司的估值为33亿英镑——对于一个仅仅有梅多夫 – 车库里的专利的企业来说，这是一个惊人的数字。尽管伍德福德对希乐克公司的投资不到其主要基金总资产的1%，但这一金额远远高于他此前对单一私人企业的投资。在此之前，亚特兰大的老板们一直纵容伍德福德对早期科学公司的投资兴趣，因为投资最多有数千万英镑。但是，希乐克公司则是另一种情况——对一家受到大多数主流科学家怀疑的企业给予了如此高的估值。几年之内，景顺基金就被迫注销了对希乐克公司的投资，损失了2.52亿英镑资金。究竟是梅多夫对自己伟大幻想的信念让伍德福德犯下了这样一个代价高昂的错误，还是这位基金经理自己的一种愿望——他觉得自己正在帮助改变世界，让世界变得更好——但用的是别人的钱。

当亚特兰大的高管们得知对希乐克公司的投资规模时，他们大为震惊，决定限制伍德福德对未上市公司持股。他们成立了一个内部委员会来评估所有私人投资和未来的任何承诺。该委员会还控制了未上市资产的估值过程，并对投资于这些资产设定限额。最重要的是该委员会的成员不包括伍德福德，而且超越了他的权限——这进一步激起了他对美国高层的愤怒，伍德福德认为他们干涉了这个久经考验的投资过程。伍德福德还想推出一个只专注于未上市公司的独立基金，但被景顺基金否决了。很明显，伍德福德面临着两个选择：要么留在亨利镇，服从上级的领导；要么离开，按自己的意愿行事。

对于纽曼，景顺基金的领导层，尤其是他的老板伊恩·特雷弗斯也感到恼火，两人几乎没有话说。纽曼的个人房地产项目——在亨利镇购买、开发和尝试翻建豪宅——占用了他很多的时间和金钱。他经常离开办公室与建筑商打交道，这让特雷弗斯更加恼火。纽曼的行为也变得更加反复无常。

纽曼意识到，只有跳槽到另一家公司，或者最好是创办一家新公司，才能提升自己薪水，事业才能有更好的发展。他制定了一个计划，即占有景顺基金珍贵的销售联系人名单，并说服他团队中的两名成员将其从公司的计算机系统中提取出来。这份名单——后来泄露给英国《金融时报》——包括全国数十家领先的养老金顾问和财务咨询集团的联系方式，他们是引导储户资金进入投资基金的最重要决策者。名单中还包括景顺基金最重要机构客户的联系方式——包括肯特郡议会、英国广播公司养老基金和圣詹姆斯广场的联系方式，以及他们向景顺基金支付的伍德福德管理费的详细信息。事实证明，这些信息对于任何试图抢走景顺基金客户的公司来说都是无价的。

然而这个诡计被发现了。尽管纽曼试图与被盗窃的文件撇清关系，但是景顺基金的经理们知道他是幕后主使。公司进行了一番调查后通知纽曼，他应立即辞职并离开公司，否则将面临纪律处分，这将有损于他的声誉，影响未来的求职。纽曼选择了前者。他签署了一份保密协议，然后从办公室直接被赶到停车场，都没有机会整理自己的办公桌，取回个人物品。

　　失业后，纽曼面临着因修建住宅而不断增加的账单，他启动了一个已经酝酿了一段时间的计划。在讨好伍德福德之后，纽曼希望利用他与英国最知名的基金经理的密切关系为自己谋利。"克雷格闻到了水中的血腥味。"他的一位前同事说。纽曼知道伍德福德对他的老板们有多怨恨。首先，他们试图从伍德福德的重头基金中分流营销资源——连带影响是伍德福德的奖金也会减少；然后，他们试图压制伍德福德投资初创科学公司的热情。伍德福德痛恨被人干涉，他认为景顺基金管理者的行为是对他个人的一种侮辱，而这些行为源于马丁·弗拉纳根和他的美国高管同事。他认为投资者之所以大量涌入景顺基金的英国股票基金，是因为他——而不是亚特兰大的文员。"任何一丝干涉都会让尼尔变得相当敌视，"另一位前同事回忆道，"他可能会非常情绪化，尤其是当他觉得有人想干预他管理投资组合的方式时。"

　　伍德福德还对每月与其他基金经理一起参加投资会议感到愤怒，因为在会上，会不断有人质疑他的未上市公司的持股。是什么赋予了这些平庸的基金经理质疑伟大的尼尔·伍德福德的权利？纽曼知道伍德福德心怀怨恨，于是说服伍德福德，他们两个人应该自己创业。伍德福德的声誉将确保原景顺基金的客户会将数十亿英镑转移到新公司，一个新的开始将赋予伍德福德在职业生涯早期享有的自主权。伍德福德同意离开。最后一根稻草出现了，伍德福德罕见地被召集到亚特兰大会见景顺基金的高管。在这里，美国的老板们向伍德福德明确表示，尽管他在英国可能是个大人物，但他管理的资金属于公司，伍德福德需要向他们报告。伍德福德终于下定决心离开。

　　2013 年 4 月 29 日，当伍德福德告诉马克·阿莫尔和尼克·穆斯托他打算离开这家公司时，他的话就像一道闪电。这两个人知道，尽管公司努力使英国业务多样化，但它仍然高度依赖伍德福德的声誉和品牌。收益和高收益基金是英国最大的基金，多年来一直支持他的投资者都赚了很多钱。景顺基金的老板们知道，一旦伍德福德宣布离职，投资者就会从他们的基金中撤回数十亿英镑资金。与圣詹姆斯广场等公司签订的重要合同也将受到影响，因为它们依赖基金管理团队的连续性。晨星公司（Morningstar）等有影响力的基金评级机构可能会下调这些基金的等级，而哈格里夫斯·兰斯多恩等基金可能会将其从推荐产品列表中移除，从而引发更多的撤资。简而言之，失去伍德福德将是一场彻头彻尾的灾难。

伍德福德的合同有 12 个月的提前通知期，这意味着他要到 2014 年 4 月才能离开，但景顺基金的高管们认为，他离开的消息一传出，风暴就会袭来，他们需要时间为即将到来的风暴做好准备。因此，他们将他离职的消息保密了 6 个月——甚至对圣詹姆斯广场也是如此，因为圣詹姆斯广场要求尽快了解任何可能扰乱他们选择的基金经理信息。对于景顺基金的老板们来说，这是一个冒险的举动，因为一旦他们最大的客户发现了，就会因为没有早点被告知而怒不可遏。

与此同时，另一场风暴正向景顺基金袭来。金融行为监管局正对其投资程序展开调查，认为该公司的一系列违规行为导致其客户损失了 530 万英镑。金融行为监管局发现，在 2008 年 5 月至 2012 年 11 月，该公司的基金经理进行了 33 笔违规交易，它们违反了旨在规避投资者风险而制定的规则。交易涉及 15 只不同的基金，这些基金占该公司资产的 70% 以上。监管机构在有关此事的最终报告中写道："由于这些失误，景顺基金的投资者所面临的风险水平比他们所预期的要高。"

金融行为监管局发现，在过去4年里，该公司的基金一直无视将投资组合的风险敞口限制在少数的大型持股中的规定。违反这一规定给投资者造成了150万英镑的损失。还有330万英镑的损失来自交易，这意味着基金通过控制股份，对其投资的公司施加了较大的影响。监管机构还发现了景顺基金运作流程中的其他几个缺陷。该公司还因未能按时记录交易而受到指责，这意味着基金面临被错误定价的风险。监管机构发现的另一个缺陷是该公司未能对交易是否在基金之间公平分配进行有效监督，这意味着一些基金将处于不利地位。

调查还发现，某些基金，包括伍德福德管理的基金，投资于复杂的衍生品，在投资组合中引入了高达10亿英镑的杠杆，相当于这些基金资产的5%。但投资者并未被告知，这加大了投资组合的风险，有可能扩大损失。"尼尔的观点是控制在一定范围内是需要有人监督的事情。"景顺基金的一位前基金经理说，"他可能不认为实际监督他基金的法律是他的工作。他的观点是'当我越界时，有人会告诉我。如果他们不告诉我，那就不是我的错。'"在被监管部门调查的时候被抓个正着，伍德福德会不会吸取教训，从投资者的最大利益考虑，承担更多管理基金的责任呢？

金融行为监管局从备受诟病的英国金融服务管理局（Financial Services Authority，FSA）的废墟中崛起，成立不过几个月时间，它急于展示自己的实力。"在这种情况下，各种规模的投资者都选择景顺基金来管理他们的资金。他们承担了某种程度的风险，但我们发现景顺基金的行为与投资者的合理预期不符。"监管机构当时表示。监管机构对景顺基金处以2 660万英镑的罚款，但该投资公司通过同意合作并提前付款，将罚款降至 1 860 万英镑。尽管伍德福德的基金处于丑闻的中心，但他没有受到监管机构或景顺基金的任何个人的指责，他辩称对自己投资的复杂工具一无所知。这是英国对基金经理开出的最高罚单，也是对景顺基金的又一次沉重打击。就在不到 10 年前，景顺基金在"市场择时"丑闻中就曾受到美国证券交易委员会的严厉打击。但更具破坏性的消息还在后面。

2013 年 10 月 15 日，景顺基金终于向外界透露，伍德福德要离职了。这位英国最具影响力的基金经理宣布辞去做了超过 25 年的工作，该消息成为全国性新闻，并在全国性报纸的商业版面和广播商业简报中占据重要位置。该公司表示，伍德福德将继续留任 6 个月，但将把旗舰基金——收益和高收益基金的管理权移交给马克·巴内特。伍德福德管理的基金总价值为 330 亿英镑，而巴内特管理的基金规模仅为 15 亿英镑。投资顾问和分析师猜测，这一消息将对景顺基金造成沉重打击，包括哈格里夫斯·兰斯多恩公司、贝斯廷维斯特（Bestinvest，一家全球领先的私人客户投资集团）和切尔西金融服务公司（Chelsea Financial Services）在内的多家券商决定不再向客户推荐这类基金。有些公司更为激进，布里文多芬证券公司（Brewin Dolphin）和哈特伍德财富管理公司（Heartwood Wealth Managers）将客户的资金直接从基金中撤出。"在我看来，伍德福德是他这一代人中最优秀的基金经理，他的基金被成千上万的私人投资者购买和持有。因此，该公告带来的影响是巨大的。"哈格里夫斯的丹皮尔当时推测说。

伍德福德对市场的影响力是显而易见的，他投资的几家最大的公司——英国宇航系统公司、凯德公司、德拉克斯集团（Drax）、士瑞克保全公司（G4S）、帝国烟草公司、能多洁集团（Rentokil

Initial）、阿斯利康和葛兰素史克——股价都遭受了重创，因为投资者猜测，如果客户集体从伍德福德的基金中撤资，他们将被迫减持在这些公司中的股份。伍德福德管理的小型上市公司爱丁堡投资信托公司股价下跌 10%。目前在纽约证券交易所上市的景顺集团股价下跌 5%，市值蒸发了 8 亿英镑。

正如预期的那样，圣詹姆斯广场强大的投资委员会对这一消息的反应很糟糕。委员会成员立即对他们在景顺基金的资金进行了审查，但坚持让伍德福德继续管理。他们声称自己购买的是基金经理管理的基金，而不是投资公司的基金。他们并不是唯一放弃景顺基金的投资者。短短几周内，投资者就从伍德福德的两个主要基金中撤出了 20 多亿英镑资金。

25 年前，伍德福德刚到亨利镇的时候，还是一个名不见经传、毫无经验的基金经理。现在，他将作为英国商界的主导力量离开。景顺基金，这家曾经培养他并帮助他成为明星经理的公司，现在正如临深渊。

# 07

脱离

乍一看，奥克利资本（Oakley Capital）对于它那一代英国顶尖的基金经理来说，是一个奇怪的归属。这家总部位于骑士桥（Knightsbridge）的专业化金融机构仅为养老基金和富裕家庭管理着7亿英镑资金。它将资金投入对冲基金、私募股权和风险投资工具等晦涩难懂的产品，并为复杂的金融交易提供咨询建议。这与尼尔·伍德福德在景顺基金为其忠实的个人投资者管理的330亿英镑资金完全不同，伍德福德曾用这笔资金购买英国最大上市公司的大量股份。但在2013年12月19日，奥克利资本的联合创始人彼得·杜本斯（Peter Dubens）向财经媒体表示，他刚刚聘用了这位英国最具影响力的选股专家，这个消息震惊了整个媒体。"我很高兴尼尔能加入我们。"杜本斯宣布。他表示，在伍德福德与景顺基金的合同于次年4月到期后，奥克利资本将为伍德福德推出一只规模小得多的新基金提供支持。

伍德福德与杜本斯有着长期的合作关系，杜本斯是一位头发蓬乱、酷爱游艇的金融家。事实上，伍德福德曾为该集团上市的私募股权投资产品投入了大笔资金，景顺基金持有该公司31%的股份。在伍德福德宣布加入奥克利资本之后，其股价上涨了6%，使景顺基金所持股份的价值增加了 400 万英镑。杜本斯与大卫·蒂尔（David Till）于 2002 年创办了奥克利资本，此前两人通过 26 次收购建立了互联网企业 365 传媒（365 Media Group）和 Pipex 通信有限公司（Pipex Communications），然后以超过 4.7 亿英镑的总价出售了这两家公司。奥克利资本最为人所知的身份是《暂停》（*Time Out*）杂志的私募股权所有者。杜本斯宣布，奥克利资本将帮助伍德福德建立一个"转型"的投资公司，并补充说："我们将全力支持转型，同时我们将提供，让尼尔能够拥有自主权和灵活性的环境，为客户的利益提供最佳服务。"

事实上，奥克利资本只是伍德福德新公司起步的一个幌子。当景顺基金在 10 月宣布伍德福德要离开时，就有几家财富管理公司与这位投资人取得了联系，表示希望他继续管理他们的资金，并愿意把业务转移到伍德福德将要就职的任何地方。但最关键的是，他们希望实现无缝衔接。这样，4 月底伍德福德一离开景顺基金，他的下一只基金就能建立起来，并迅速投入运营。这给伍德福德带来了一个问题——从头开始成立一家基金公司通常需要一年到 18 个月的时间，但伍德福德无意加入任何公司，向爱插手业务的经理汇报工作。他渴望十年前在景顺基金享有的自由，那时亚特兰大的老板们还没有插手干预。而根据他在景顺基金的通知期条款，在 2014 年 4 月底合同结束之前，他不得参与建立合资企业。正值此时，他得到了被无情地赶出亨利镇的办公室以来，一直处于失业状态的克雷格·纽曼的帮助。

两人突然想到了利用奥克利资本来启动和运营新公司的办法。杜本斯愿意帮助他的长期盟友摆脱困境，而参与一家知名初创公司的机会也勾起了他的进取心。纽曼在 2013 年 11 月开始为奥克利资本工作，并以奥克利资本的名义为新公司雇佣员工。景顺基金的几位前同事也有意加入。首批招募人员包括尼克·汉密尔顿和格雷·史密斯（Gray Smith），前者曾在永久基金与伍德福德共事 10年，后来回到了自己的祖国澳大利亚。后者是密许康德雷亚律师事务所（Mishcon de Reya）的律师，曾在金融行为监管局调查期间代表伍德福德。在亨利镇的黄金岁月里，汉密尔顿一直是伍德福德核心圈子中的一员，两人在体育运动方面不相上下。尽管伍德福德对史密斯的能力印象深刻，但他对监管机构的调查却较为保守。这四个人在圣诞节期间打了几个电话，最后同意在 2014 年 1 月 1 日开始运营新公司。

随后，他们询问了几位曾与伍德福德和纽曼共事多年的景顺基金员工，包括机构销售人员威尔·迪尔、营销作家米切尔·弗雷泽·琼斯（Mitchell Fraser Jones）和信息技术经理保罗·格林（Paul Green）。他们还计划从英国团队中聘请三名初级基金经理：前陆军情报官员萨库·萨哈（Saku Saha），专门负责未上市公司业务，以及斯蒂芬·拉克拉夫特（Stephen Lamacraft）和保罗·拉克拉夫特（Paul Lamacraft）两兄弟，前者曾是警察，后者担任过会计〔后来加入的第三个兄弟罗斯（Ross）担任过销售职务〕。但在通知期结束之前，伍德福德被禁止从景顺基金挖走投资人员。另一位参与者是《每日电讯报》前个人财务编辑保罗·法罗（Paul Farrow），他后来成为新公司公关和通信部门的负责人。奥克利资本不仅为纽曼提供了办公场所、合规支持以及 100 万英镑的贷款，还提供了一个宝贵的安全保障，以防纽曼、汉密尔顿和史密斯无法按时推出产品。即在新公司未能在 5 月 1 日之前获得监管机构批准的情况下，如果景顺基金的几位客户想转移他们的资金，那么奥克利将为这些资产提

供一个临时栖息地，并让伍德福德管理这些资产，直到新公司正式
获得批准。

2014 年 1 月 6 日，纽曼、汉密尔顿和史密斯出现在金融行为监
管局位于金丝雀码头（Canary Wharf）的办公室，向官员们提交了
一份关于他们新公司的 57 页幻灯片的提案。被泄露的演示文稿陈述
如下：

> 尼尔希望成为一家私人新公司的一部分，该公司将其唯一的
> 重点放在提供长期投资管理并向客户保持透明。尼尔和团队中的
> 一些成员已经紧密合作了数年。该团队对于监管合规的重要性、
> 将客户利益放在首位的公司文化以及投资业务的透明度，有着强
> 烈的共识。

为了强调这一点，该公司表述："公司将非常重视在严格控制的
环境下提供投资管理服务。"考虑到伍德福德最近与监管机构的摩
擦，纽曼、汉密尔顿和史密斯都煞费苦心地强调，新公司将严格遵
守规则。他们是否在为自己的失败做准备？

纽曼在与监管机构的会面中起了主要作用，他用他那训练有素、
善于推销的口才，对专门针对监管机构的商业计划书进行了详细阐
述。他坚持认为，该合资企业将非常强调合规性，并完全以客户为
中心。在技术和法律问题上，他让汉密尔顿和史密斯阐述细节。金
融行为监管局的陈述中包含了新公司法律结构的有关信息，指出该
公司将由其合伙人拥有，创始时的合伙人分别是伍德福德、纽曼、
史密斯和汉密尔顿。根据计划，最初的股权持有者将是伍德福德和
纽曼，但这些股权随后将由四位创始人分享，所有权也将被用来奖

励和吸引员工，因为这样有助于长期留住员工。

在金融行为监管局总部举行的会议上，纽曼充满激情地谈到了这家新公司将如何彻底改变投资行业，并纠正了他所看到的现有行事方式中的许多缺陷，包括对投资者支付的费用和投资内容的透明情况。基金经理通常只向投资者提供其前十名持股清单，担心公布全部投资组合的细节会让竞争对手窃取他们的投资信息。但新公司将公开基金经理每笔投资的全部细节，包括他们构成的投资组合比例。这对伍德福德来说将是一个重大的转变，他投资的小公司和未上市初创企业在景顺基金总是被忽视，因为人们关注的是他在成熟企业中的巨额股份。决定全面披露这些基金的收费水平，是为了让投资者更深入地了解他们所支付费用的走向。众所周知，监管机构对客户在交易和研究中被收取多少费用的信息不足持保留态度。新公司还将致力于与客户建立直接联系，利用网站沟通，以便投资者直接向管理团队咨询，而不是通过财务顾问进行筛选。

这三个人对新公司有很大的野心。虽然成立该基金是为了让伍德福德继续管理资金，但实际上他们是希望为不愿受老板约束的有才华的基金经理提供一个避难所。这样做的目的是建立一个强大的合规和风险基础，规避以往公司的问题。这将赋予投资经理自由，让他们可以做自己最擅长的事情，并按照自己的意愿管理投资组合。纽曼、史密斯和汉密尔顿向金融行为监管局表示，该公司将推出一只投资于英国股票的基金，由伍德福德运营，与他在景顺基金的收益和高收益基金相媲美，但未来几年将推出全球股票基金以及一系列债券和混合资产产品。他们甚至表示，未来他们可能需要额外的牌照来运营风险较大的另类基金。他们预计，在第一年，公司资产可以达到 97.5 亿英镑，这将产生 750 万英镑的利润，并在三年内将资产增加到 170 亿英镑，产生 4 670 万英镑的利润。这家公司雄心勃勃，伍德福德的三位联合创始人也很乐观，因为景顺基金的客户数量很多，他们曾暗示将把业务转移到这家新公司。

唯一有待最后确定的是如何给新公司命名。两位创始人就是否将其命名为伍德福德进行了多次讨论。伍德福德是英国基金管理行业最知名的品牌，该品牌在英国投资者中引起了强烈反响。公关公司布罗德盖特（Broadgate）每年都会对财务顾问进行一项品牌认知度调查。位居榜首的是景顺基金，但击败富达、木星、亨德森（Henderson）和海王星（Neptune）等一些知名投资公司位居第二的是尼尔·伍德福德本人。伍德福德在业内有如此响亮的名字，很难拒绝不使用它命名新公司。但这样一来将把公司的命运与明星选股人紧密联系在一起，引入了不可避免的关键人物风险，而且几乎不可能再说服其他知名投资者加入这家公司，因为谁是公司的主力显而易见。最后，纽曼作出决定，选择了"伍德福德投资管理公司"这个名字。这个决定的短期利益是显而易见的，但长期来看，会适得其反吗？

与此同时，在亨利镇，景顺基金的管理团队正担心伍德福德的离开会对公司业务产生影响。伍德福德宣布离职的最初震荡过后，客户从他的基金中撤资的速度开始放缓。但由于收回并撤资的投资者留下的空白没有被新客户弥补，基金规模实际上仍在收缩。由于许多财务顾问不再推荐客户投资收益和高收益基金，该公司意识到需要遏制缩减的趋势。按照典型的 0.7% 的基金费用计算，伍德福德基金每投资 10 亿英镑，就会产生 700 万英镑的收入。对于景顺基金来说，50 亿英镑和 100 亿英镑之间的资产损失每年将相差 3 500 万英镑。

　　为了重新得到财务顾问的认可，景顺基金派出了接管伍德福德基金的马克·巴内特，他接受了大量媒体采访，进行了大量宣传活动，以提高自己的知名度。"我已经为这个团队工作了 17 年，我坐在（尼尔）旁边，有机会接触到他，所以我处于一个独特的位置，可以维持并建立新纪录。"巴内特告诉行业杂志《城市连线》（*Citywire*），"我对这个机会和挑战感到非常兴奋，这对我来说是一次重大的提升。我承认现在每个人都在关注我，但我不会表现得与众不同。"

　　在金丝雀码头与金融行为监管局的初次会面进行得非常顺利，纽曼、汉密尔顿和史密斯都在忙着推动新公司发展。他们现在只有不到 4 个月的时间来确保在 5 月初获得数十亿英镑的资金，并让伍德福德第一时间开始交易投资组合。虽然纽曼在景顺基金的许多客户对将业务转移到新公司感到兴奋，但他们都强调，希望尽可能无缝衔接与过渡。他们希望对客户的干扰最小。这让联合创始人感到压力很大。

　　虽然在安装计算机和交易系统、寻找办公场所和准备营销材料方面有很多工作，但启动过程中最棘手的部分是极其复杂的监管申请流程。所有代表客户管理资金的公司都必须经过金融行为监管局的注册与授权。而监管机构需要证据证明该公司有足够的承担风险的能力和合规流程，还需要审查所有主要高管。新合资公司首批招募的少数人员——包括纽曼、汉密尔顿、史密斯、格林、斯蒂芬·拉克拉夫特以及被选为非执行董事的德勤会计师事务所（Deloitte）合伙人玛莉·雷莉（Mary Reilly）——需要向金融行为监管局申请所谓的受控职能，比如担任董事、首席执行官或合规监督。纽曼想让他的语言学教练担任公司董事，但金融行为监管局拒绝了，因为该教练没有投资行业的知识和经验。伍德福德虽然已经获得了金融行为监管局的认可，但他的授权仍然与他在景顺基金的工作有关。

据《金融时报》所说，纽曼在申请时被问及有关他为何从景顺基金离职的尖锐问题——但他的回答与几名前同事的说法相矛盾。问题包括他是否"曾因商业活动中的不当行为或渎职而受到调查"，以及是否被"拒绝进入、解雇、暂停或被要求辞去任何专业、职业、职务或工作，或任何受托职务或信任职位，无论是否有报酬"。他对这两个问题都断然地回答了"否"。监管机构原本希望了解有关他离开前公司的细节——尤其是在纽曼申请成为新公司的首席执行官之际。这是一个早期的迹象，尽管纽曼为了获得批准向监管机构交代了一些事实，但他并不像他最初说的那样完全公开、透明、按规则行事。

作为伍德福德投资管理公司申请流程的一部分，该公司于1月30日向金融行为监管局提交了数十份文件，其中一份是关于新公司流动性政策的详细声明。这是为了管理基金经理面临的最大风险之一而做的：确保投资组合的设计方式是在压力时期他们可以有足够的持股且以有序的方式出售。对于允许客户每天买入和卖出的零售基金经理来说，控制流动性尤为重要。如果某只基金遭遇挤兑，投资者要求在某一天大量变现，那么投资组合经理就需要确保他们能够以当前市场价格迅速出售基金资产，以偿还撤资的客户，并保护剩下的那些客户储蓄。

这是一个棘手的平衡行为，尤其是对伍德福德这样的基金经理来说，他们喜欢将一部分资金投资于规模小但很难出售的公司。当公司的创始人向金融行为监管局提交申请时，他们并没有忽略这一挑战。"流动性风险管理对伍德福投资管理公司的长期成功至关重要。"流动性政策写道，"公司将确保在其资产负债表上和与信誉良好的第三方确保足够的流动性，以满足本公司承担义务的需要，包括在监管资本到期时维持这些义务。该公司盈利能力的主要驱动力并不依赖于承担重大的流动性风险。"这些意图似乎很高尚，但伍德福德是否会遵守则是另一回事。

申请过程的另一个关键部分是，谁将担任授权公司董事（Authorized Corporate Director，ACD）这一重要但被广泛忽视的职务。根据英国的法规，每个零售投资基金都必须有一个授权公司董事，通常是以专业服务提供商的形式，负责督促基金遵守金融行为监管局制订的规则，并为投资者的最佳利益服务。在投资行业的监管框架中，这是一个至关重要的角色——但该行业之外很少有人熟悉这一点。授权公司董事的作用是在投资基金的运营中充当核心角色，将投资组合经理与监管机构、托管人、审计师、中介机构，以及最重要的最终投资者联系起来。金融行为监管局将授权公司董事视为自己监管部门的延伸，并依赖这些专业服务提供商来让投资组合经理遵守基金规则。监管机构基本上把部分监管责任外包给了这些匿名服务提供商。

授权公司董事的其他职责包括制作监管文件、维持基金管理以及监督投资和流动性风险。简而言之，授权公司董事的作用是确保基金在法律上是健全的，并确保投资者受到保护——可以说是整个投资行业中最重要的角色。

尽管绝大多数客户认为景顺基金或 M&G 投资公司这样的投资管理公司（其品牌遍布基金文件）才是基金管理公司，但从法律角度来看，实际上是授权公司董事，它分包了投资经理这一职位来管理投资组合。这是一个奇怪而复杂的设置，涉及棘手的利益冲突。从监管的角度来看，授权公司董事任命了投资经理，也就是基金的发起人。但实际上，是赞助商选择了授权公司董事。赞助商与授权公司董事商定了费用，但费用由基金支付。虽然赞助商可以根据合同解雇授权公司董事，但基金发起人可以向监管机构提出任何担忧，或要求赞助商寻找另一个授权公司董事。因此，本应负责监督投资经理并确保最终投资者得到保护的授权公司董事，却有足够理由避免惹恼给他发工资的人。

这一安排的另一种解决方式是由内部投资经理担任授权公司董事。但金融行为监管局已经对这种结构进行了审查，尽管允许它继续存在，但认为其引入了更大的利益冲突，因为投资管理公司实际上是在给自己的作业打分。在向金融行为监管局提交的申请中，纽曼、史密斯和汉密尔顿表示，他们打算建立自己的内部授权公司董事结构，但他们承认这在启动前的短时间内是不可能的。因此，他们决定采用市场上一家名为"东道国资本（Host Capital）"（这家公司虽小型但备受尊敬）的公司的服务。他们觉得这肯定会获得批准，但监管机构的反应让他们大吃一惊。

在整个过程中，金融行为监管局的授权团队只回应了最基本的后续询问，似乎有意帮助纽曼、史密斯和汉密尔顿以创纪录的最短时间内通过申请。监管机构的官员告诉这三人，他们最不希望看到的就是伍德福德的忠实追随者从他的景顺基金中撤出投资，并在等待新公司成立的一段时间内不进行投资。为应对那些脾气暴躁的财富顾问和独立财务顾问，金融行为监管局希望尽可能平稳地过渡。但在某一点上，监管机构尤其坚决反对。他们坚持认为，东道国资本的业务规模太小，不能为伍德福德投资管理公司服务，因为该公司在短短几年内可能会管理数百亿英镑的资产。同时，金融行为监管局坚持要求新公司使用市场上最大的参与者——凯德资产服务公司（凯德资产，Capita Asset Services）。

金融行业监管局的这个要求很奇怪，尤其伍德福德还是这家提供商母公司的最大股东之一。这家英国外包集团因经常出错而被《私家侦探》（*Private Eye*）称为"Crapita"。显然，监管机构认为这种明显的利益冲突没有任何问题，这意味着凯德资产的授权公司董事团队将承担起追究一个他们知道是其公司最大和最有影响力的股东之一的投资者的责任。但特别令人惊讶的是，监管机构对凯德资产的授权公司董事业务了如指掌，因为他们调查过凯德资产曾卷入的英国两起最严重的基金管理丑闻。

就在伍德福德投资管理公司向金融行为监管局递交申请的几天前，该监管机构宣布，自 2009 年以来被困于 Arch Cru 基金的多达 2 万名投资者将获得 3 150 万英镑的赔偿。凯德资产曾是这些基金的授权公司董事，散户投资者在这些基金中最终损失了数百万英镑。凯德资产由于缺乏流动资金而暂停了这些基金。在财务顾问的推动下，许多储户向 Arch Cru 基金投资高达 4 亿英镑，他们认为自己投资的是低风险产品。但这些投资组合实际上是一种奇异的组合，包括对学生住宿、高档葡萄酒、林业和希腊航运的投资。Arch Cru 基金事件使凯德资产受到了监管部门的谴责，该公司被要求为基金投资者提供 5 400 万英镑的赔偿，这使授权公司董事得以逃脱 400 万英镑的罚款。

Arch Cru 基金的失败与凯德资产的另一起基金丑闻同时发生。凯德资产此前曾与一家名为康诺特收入（Connaught Income）的基金集团合作过，该基金在金融危机之后倒闭，给投资者造成了 1.18 亿英镑的损失。经过长时间的调查，金融行为监管局最终发现凯德资产并没有对这些基金进行充分的尽职调查，也没有对它们进行适当的监督。监管机构谴责凯德资产未能以不具有误导性的公平方式向投资者传达康诺特收入基金的问题。凯德资产被要求向这些基金的投资者支付 6 600 万英镑的赔偿，此外还要支付 1 850 万英镑来解决基金清算人提起的诉讼。在将他们所青睐的授权公司董事强加于伍德福德的新公司时，监管机构告诉纽曼、史密斯和汉密尔顿，希望凯德资产能从自己参与的投资失败案例中吸取教训，并做好准备，防止进一步失误。这种逻辑显然是幼稚的。

虽然不能参与监管申请，但伍德福德一直在忙个不停。当景顺基金在 10 月最终宣布伍德福德将离开公司时，委托了这位选股人37 亿英镑资金的强大的圣詹姆斯广场投资委员会非常愤怒。他们有一个铁律，即需要随时了解与他们招募的基金经理有关的所有事宜。这包括他们的就业状况，他们是否卷入了与雇主的任何内部纠纷，或他们是否患有重病，休假超过三周，或者有其他可能影响其日常工作的问题，如是否正在办理离婚。雇主很少会将此类信息披露给客户，但圣詹姆斯广场是英国最大的财富管理公司，为英国富人筹集了数百亿英镑的资金。它有足够的实力来提出如此高的要求。圣詹姆斯广场的投资委员会认为，他们的主要责任是保护自己客户的财产，并根据个人选择来管理与运作基金。如果基金经理的业绩因为任何原因受到影响，或者他或她可能会被替换取代，圣詹姆斯广场希望尽早知道。

当投资委员会发现景顺基金将伍德福德的离职信息隐瞒了 6 个月后，他们坚持让伍德福德继续管理客户的资产，这些资产是在一个独立于伍德福德主要基金的账户中运行的。由于担心圣詹姆斯广场会撤销整个集团中价值80亿英镑的资产合同，景顺基金的老板们不得不妥协让步，允许伍德福德继续管理投资组合，直到他在公司的最后一天——尽管他主要是在科茨沃尔德的庄园而不是冒险进入在亨利镇的办公室。如果不是因为圣詹姆斯广场的要求，伍德福德在景顺基金的最后几个月可能会被安排休园艺假。

圣詹姆斯广场的总部位于科茨沃尔德的首府、历史悠久的集镇赛伦塞斯特（Cirencester），其镇中心距离伍德福德的乡间小镇只有20分钟的车程。实际上，圣詹姆斯广场投资部门董事总经理、不久即将出任投资委员会主席的戴维·兰姆（David Lamb）就是他的一位近邻。圣詹姆斯广场的高管们开始与伍德福德进行秘密谈判，讨论他为自己将要就职的下一个公司准备了什么，以及它是否足够强大，可以管理圣詹姆斯广场客户的资金。伍德福德告诉他们，新公司将达到标准，圣詹姆斯广场投资委员会决定，在5月1日开业时，用伍德福德投资管理公司取代景顺基金，做管理整个37亿英镑基金的经理。与其他告诉纽曼他们希望将业务转移到新企业的财富管理公司和独立财务顾问一样，圣詹姆斯广场强调它也需要平稳地过渡。及时获得监管部门批准的压力更大了。

但圣詹姆斯广场的报价有几个附加条件。它的商业条款比通常中介机构要求的要严格得多，但伍德福德投资管理公司的联合创始人知道，在新公司成立的第一天，账面上就有37亿英镑的资金，这将是一个令人难以置信的开始，并将为企业奠定坚实的基础。就像对待所有基金经理一样，圣詹姆斯广场定期评估伍德福德的投资方式。该公司委托投资咨询公司——斯坦福德联合公司（Stamford Associates）对伍德福德的投资组合运作方式进行了一系列评估。这些报告的主要发现是，尽管伍德福德在挑选被低估的大型公司并坚持投资这些公司方面是行业领导者，但是，他在挑选小型和未上市公司方面的能力是有限的。像希乐克和植物药生物技术公司（Phytopharm）的倒闭严重影响了圣詹姆斯广场对伍德福德的信心，因为伍德福德是他越来越青睐的科学初创企业的投资者。因此，圣詹姆斯广场坚持要求他在景顺基金为他们的客户管理的资金只能投资于上市公司——客户的任何储蓄都不会用来支撑不稳定的私营企业。多年来，圣詹姆斯广场每次批评伍德福德投资小公司的行为时，伍德福德都认为这是对他的个人侮辱，但令他无奈的是权力的天平牢牢地掌握在财富管理公司手中。此外，伍德福德在支持未上市公司方面的失败经历也证明了这一点。不出所料，圣詹姆斯广场对伍德福德的新公司提出了同样的要求。

根据一份被泄露的文件，圣詹姆斯广场与伍德福德投资管理公司之间的业务条款被业内称为"投资管理协议"，圣詹姆斯广场希望了解基金经理个人进行了哪些投资。该文件还指出，如果圣詹姆斯广场愿意终止合作关系，可以立即终止，而伍德福德投资管理公司如果决定终止合同，则必须提前6个月通知该财富管理公司。协议还确认了圣詹姆斯广场将向伍德福德投资管理公司支付的费用：0.3%的固定费用，不到该基金管理公司预期从其他中介机构支付费用的一半。这也确保圣詹姆斯广场将从自己的客户那里获得了1.5%的丰厚佣金——向客户收取的其他费用不包括在内，圣詹姆斯广场只不过是负责挑选和监督投资经理而已。即便如此，与圣詹姆斯广场的协议保证了伍德福德投资管理公司从成立开始每年都有1050万英镑的收入，这是联合创始人无法拒绝的交易。

圣詹姆斯广场并不是唯一的景顺基金客户，这个分离出来的新公司正竭力地在挖顺德基金的墙角。一批被泄露的销售文件显示，伍德福德投资管理公司的商业团队为签下英国最知名的财务顾问和财富管理公司付出了巨大努力。伍德福德投资管理公司的基金是几十年来最受关注的投资产品，伍德福德的许多忠实追随者从一开始就热衷于投资他的新基金。全国各地的中介机构都渴望利用炒作新基金的推出而获利，将客户转入新基金并获得费用提成。这意味着新公司的机构销售和零售主管威尔·迪尔和西蒙·戴尔（Simon Dale）在推销业务时找到了一群乐于接受的听众。戴尔曾在景顺基金为纽曼工作，并与纽曼同时离职。

迪尔通过自己的努力获得的潜在客户名单上有最大的养老金咨询公司主要代表的联系方式——他们是利润丰厚的退休市场的看门人——以及景顺基金的 24 个养老金计划的客户。这些客户在伍德福德的景顺基金中总共投资了 25 亿英镑，新的销售团队估计，如果能说服他们转换投资，每年将会带来超过 1 500 万英镑的费用收入。

在与韬睿惠悦（Towers Watson）和美世（Mercer）等大型养老咨询公司会面时，这些咨询公司的代表表示，他们觉得伍德福德从来没有关心过机构投资者，因为他在景顺基金期间很少会见机构投资者的顾问。但他们表示，由于客户急于投入资金，他们希望对新公司进行详细评估。与另一家领先咨询公司海曼斯·罗伯逊（Hymans Robertson）的会面非常鼓舞人心，尤其是因为它有 4 个客户——肯特郡议会的养老基金、废物处理公司派宁（Pennon）、能源集团南方电力（Southern Electric）和造船业养老计划——长期以来一直投资于伍德福德的景顺基金，并且都渴望转向新公司。

迪尔还与多家养老基金进行了积极的会谈，包括肯特郡议会和保险公司希斯科斯（Hiscox）。英国广播公司养老基金自 2006 年以来一直投资伍德福德在景顺基金的基金产品，但伍德福德离职的消息一经传出，该基金就撤出了 4.16 亿英镑。尽管一开始与迪尔的通话很冷淡，但英国广播公司的养老金经理对将资金转移到伍德福德的新公司的想法很感兴趣。从市政工作人员、垃圾收集工、电工到造船工、精算师，全国上下各行各业的工人很快团结起来，要求把他们的养老金储蓄转移到伍德福德的新公司。

销售团队更广泛的独立财务顾问目标列表被按区域分组：英格兰西部和威尔士、英格兰东部、英格兰北部和苏格兰，以及伦敦。每个组都拥有该地区大约 100 家领先的财务咨询公司，以及它们控制的资产数量和主要销售代表的详细信息。这些目标还包括 60 多家人寿保险公司，它们为数百万英国储户提供个人和工作养老金。伍德福德的销售团队越来越希望争取的重要的一组客户是平台或基金超市，它们允许个人投资者直接投资他们的基金。这一领域由几家大公司主导——包括哈格里夫斯·兰斯多恩公司、富达投资、先机环球基金（Skandia）和标准人寿（Standard Life）——但市场上有 20 多家供应商，每家持有 5 亿至 540 亿英镑不等的投资者基金。这些企业为数百万投资者提供了一个直接销售渠道，这些投资者可以直接选择自己看好的基金或请独立财务顾问来帮助他们做计划。争取他们的支持对伍德福德新公司的长期生存至关重要。对于伍德福德的销售团队来说，幸运的是，这些基金平台也急切地想推出他的新产品。

通常情况下，当销售人员出现在潜在客户的办公室时，首先要给客户们留下深刻印象。但当伍德福德的代表出现在全国最大的基金超市的办公室时，他们受到了走红地毯般的接待。迪尔与富达投资的会面进行得特别顺利。该公司是英国最知名的投资管理公司之一，它有一个非常受欢迎的分销部门，名为"基金网络

（FundsNetwork）"，将来自整个市场的基金销售给散户。该公司拥有25万名客户，平台上的资产超过400亿英镑，多年来，它将大量现金转入了伍德福德的景顺基金。富达的个人投资主管为迪尔做了一场声势浩大的营销活动，以说服伍德福德在景顺基金的投资者转向他的新产品。该提议包括向其整个客户网络发送电子邮件，并且特别针对景顺基金的客户。富达还在财经媒体上刊登广告，广告语是"用今年的个人储蓄账户津贴购买伍德福德"。此外，富达还在其网站上发布了与伍德福德有关的在线广告和视频，甚至在其客户通讯中发布了宣传内容。伍德福德还将被邀请出席该公司的年度投资者大会，届时将有400名富有的客户出席。对于一家历史悠久的老牌公司来说，向一家本质上是初创的公司展现出这样的热情，实在令人震惊。富达投资显然急于与伍德福德签约。

其他关键组成部分是提供"基金的基金"（funds of funds）的财富管理公司和其他投资集团：它们通过这些工具创造自己的产品，投资一系列基础基金。全球最大的主权财富基金之一阿布扎比投资局（Abu Dhabi Investment Authority）是一个渴望签约的客户，这让人感到意外。早在几年前，该公司曾就投资伍德福德在景顺基金的基金产品一事与迪尔进行过接触，但最终仅向新公司投资了2亿英镑。

在大多数情况下，迪尔和戴尔在到达的几分钟内就知道，出售伍德福德的基金已成定局。伍德福德具有强大的魔力。虽然销售会议是直截了当地进行，但主办人还是经常向迪尔和戴尔提出一些令人尴尬的问题。尽管主办人对加入这家新公司充满热情，但他们对伍德福德离开景顺基金持保留态度。他们想知道他是否太难管理，以及他是否与老板们闹翻了。他们想知道，新公司与伍德福德本人的联系有多大，公司的命名是否过于自负，以及与某个人联系在一起的风险是否太大。他们要求伍德福德作出说明，说明他会在多大程度上参与管理资金，以及他会为公司投入多长时间。得到回应后，他们的担忧得到了缓解，高兴地签署了令人振奋的新启动协议。

此时所需要的是监管部门的批准。当纽曼接受了凯德资产作为新集团的授权公司董事后，金融行为监管局在 4 月底批准了该公司的成立，恰好在 5 月 1 日伍德福德加入并管理离开景顺基金客户的资金之时。期待已久的无缝过渡成为现实。

尽管几个月前，金融行为监管局还在调查基金经理伍德福德违反基金规则的行为，而此前也曾指责授权公司董事凯德资产未能控制任性的基金管理公司，但随着伍德福德与凯德资产结成了联盟，金融行为监管局还是以前所未有的速度予以批准。这场商业"联姻"在短短几年后就给欧洲投资行业带来了毁灭性的影响。

# 08

## 牛津的神谕

这是英国最受期待的投资启动。在 2014 年 4 月下旬尼尔·伍德福德离开景顺基金之前的几周内，财务顾问和希望快速致富的投资者废寝忘食地阅读有关新公司的每一条信息，财经媒体也及时对此进行了报道。在叛逃事件中受打击最大的那些人进行了一连串针锋相对的诽谤，助长了这种狂热。

伍德福德穿着醒目的蓝色西装和格子衬衫，穿梭在伦敦金融城公关公司布罗德盖特的办公室里。这是他为新的金融机构工作的第一天，伍德福德感到很振奋。这位基金经理精神焕发，在过去的两个月里，他一直在科茨沃尔德的庄园里隐居，享受着乡间的空气，皮肤晒得黝黑。布罗德盖特被聘请来支持伍德福德的企业通信主管、前《每日电讯报》个人财务编辑保罗·法罗（Paul Farrow）与媒体打交道。伍德福德在新公司的第一份工作就是连续接受英国《金融时报》和《每日电讯报》的采访，并在哪周周末的个人理财版上刊登引人注目的简介文章。

伍德福德拒绝了他的新闻工作人员简单介绍他的机会，直接进入采访。伍德福德靠在椅背上，双手抱在脑后，他的积家（Jaeger-LeCoultre）手表在灯光下闪闪发光，他已经准备好迎接这个世界的挑战。这位选股人向英国《金融时报》的大卫·奥克利（David Oakley）承认，过去的12个月确实令人沮丧，但他拒绝谈论自己与前雇主之间的纠纷。相反，伍德福德以乐观的态度讲述了他多么精力充沛，对开创新事业多么有热情。这是他人生伟大的第二幕，而不仅仅是他在景顺基金辉煌职业生涯的后记。他将自己与偶像沃伦·巴菲特相比，后者80多岁时仍在理财。伍德福德得意地说："我认为我将迎来最好的岁月，我计划尽我所能继续前进。"

在离开布罗德盖特的办公室之前，伍德福德被要求参加一次即兴拍摄。当伍德福德投资管理公司的商业团队在为新公司整理营销材料时，他们没有找到这位明星经纪人的职业形象照。景顺基金拒绝提供任何信息。法罗回忆起10年前他在《每日电讯报》工作时曾对伍德福德进行过一次采访，于是就去找当时拍摄照片的自由职业摄影师。当他最终打通电话时，这位摄影师正在伊拉克执行一项危险的任务，但摄影师还是及时发送了自己存档的照片。法罗为这些照片支付了几百英镑，它们将被印在这家新公司的所有宣传材料上。在布罗德盖特的办公室里，伍德福德被要求在一大群拿着长镜头和闪光灯的狗仔队摄影师面前摆姿势。而当时拍摄的那些照片引起了媒体对他业务的浓厚兴趣。

在由伍德福德离职引发的三方公开争议中，圣詹姆斯广场首当其冲。这家财富管理公司的投资委员会对景顺基金的高管大为恼火，因为这些人推迟了6个月才告诉他们伍德福德已经递交了辞呈。4月3日，圣詹姆斯广场宣布撤回伍德福德在景顺基金管理的37亿英镑，并将其转移到新公司。这一转变早已被预期，但圣詹姆斯广场这一举动的结局却出人意料。该财富管理公司不仅将撤走伍德福德管理的资金，还将把亨利镇的投资集团从其管理的所有基金中除名，总共带走 80 亿英镑的业务。这次撤资对景顺基金来说是一个沉重的打击，4 000 英里外的亚特兰大也受到了影响，母公司的股价下跌。圣詹姆斯广场的报复行动是前所未有的，是英国零售投资市场有史以来最大的委托变更之一。转换后的资产占圣詹姆斯广场为客户提供的资金总额的近五分之一。在 40 万名富裕的客户中，有一半将从景顺基金转移到伍德福德投资管理公司。"这一轮的任命和基金变动是我们公司 23 年历史上最重要和最引人注目的一次。"圣詹姆斯广场首席投资官克里斯·拉尔夫（Chris Ralph）在宣布这一举措时说。

在遭受了巨大的损失后，景顺基金的老板们对他们曾经的明星投资人进行了反击。他们一直在忙于就金融行为监管局计划对其一系列违反基金规则的行为处以 2 660 万英镑的罚款进行谈判。作为与监管机构达成的协议的一部分，景顺基金被允许选择制裁披露的日期。为了给伍德福德的新公司造成最大的打击，亨利镇的老板们决定在 4 月 29 日，也就是伍德福德即将离开公司的前一天，宣布他的辞职消息。金融行为监管局的声明中没有详细说明景顺基金的哪些产品被卷入其中，但该公司的公关团队向记者介绍，伍德福德的收益和高收益基金是被调查的重点。公告的时间引起了一些圣詹姆斯广场客户的质疑——为什么他们的财富管理公司要把自己的储蓄托付给一个刚刚卷入英国零售投资史上被开出最大罚款的投资者？怎么能确定伍德福德的新公司不会有更多的麻烦？

如果景顺基金的高管认为他们可以在金融行为监管局发布公告的时间点上破坏伍德福德投资管理公司的声誉，那么他们就低估了英国投资者对这位基金经理的崇拜程度。伍德福德投资管理公司的销售团队开始为他的第一款零售产品——股票收益基金（Equity Income Fund）寻找客户。这款产品的设计策略方案与他的景顺基金的基金产品几乎完全相同。几天之内，就有大批资金涌入。木星资产管理公司思虑周全的首席投资官约翰·查特菲尔德－罗伯茨（John Chatfeild-Roberts）还负责管理这家资产管理公司的多管理人基金，该基金将资金分配给一系列基础投资基金。自20世纪90年代中期，他就一直是伍德福德的粉丝，多年来，他把大量投资者的资金转移给了伍德福德。他是第一批与这家新公司签约的人之一，承诺将5亿英镑的木星资管客户的储蓄转入其中。伍德福德的另一位老客户哈格里夫斯·兰斯多恩也是第一批支持这家新公司的机构之一。该集团承诺从自有资金中拨出4亿英镑。在宣布这一消息时，哈格里夫斯的多管理人基金的负责人李·加德豪斯（Lee Gardhouse）盛赞伍德福德"可能是他这一代人中最好的经理人"，并补充道：

> 从长远来看，我想不出我更愿意把钱委托给哪个基金经理。（伍德福德的）基金提供了难得的机会，可以让我们在一个新环境中，与一位有着模范业绩记录的基金经理进行投资。在这个新环境中，他可以"参与其中"——换句话说，他有足够的动力去执行与表现。

虽然多管理人合同很受欢迎，但克雷格·纽曼的销售团队知道，从长远来看，吸引伍德福德忠实拥护者的最佳方式是争取财务顾问团队的支持，并在基金超市推广，因为他们拥有大批投资者。伍德福德的零售主管西蒙·戴尔负责组织了一系列会议、演讲和路演，与全国各地的数百家独立财务顾问企业联系。为期三周的巡演选择在7个城市的8个地点进行，包括爱丁堡的喀里多尼亚宾馆（Caledonian Hotel）、曼彻斯特的劳里酒店（Lowry Hotel）和伦敦金融城的莫尔盖特俱乐部（Eight Moorgate Club）。

销售人员们发现，围绕伍德福德投资管理公司推出的大肆宣传意味着他们正在敞开大门欢迎各方加入。这些平台和顾问迫切希望能够向他们的客户提供这只新基金。英国法通保险公司（Legal & General）旗下的共同基金拥有 540 亿英镑的客户资产，是规模最大、历史最悠久的基金超市之一。它是第一家获准在自己的平台上推出伍德福德新基金的公司，并同意其以 0.75% 的价格出售给客户。共同基金首席执行长戴维·霍布斯（David Hobbs）在宣布该协议时表示，由于顾问们对伍德福德的新基金有浓厚的兴趣，这笔交易是"至关重要的"。

但纽曼把最好的交易留给了另一家实力强大的基金超市：哈格里夫斯·兰斯多恩，这家基金超市即将赶超共同基金，成为全国最大的基金超市。马克·丹皮尔并不是这家总部位于布里斯托尔的集团中唯一崇拜伍德福德的人。哈格里夫斯的营销团队明白，把伍德福德的新基金放到自己的平台上，将使他们能够从竞争对手那里赢得更多的客户。为了让自己拥有竞争优势，他们商定了 0.6% 的费用，只在自己的平台上提供——比市场上其他任何地方都便宜。其他经纪人也要求同样的折扣，但被告知只有不低于 5 亿英镑的业务才能获得折扣，而哈格里夫斯已经从多管理人基金中承诺了 4 亿英镑。虽然与其他平台相比折扣并不大，但哈格里夫斯的谈判代表意识到，能够为市场上最热门的新基金提供最低费用，是一种营销潜力。在达成协议后，哈格里夫斯的市场经理告诉纽曼："你已经完成了你的工作，剩下的交给我们吧。"毫无疑问他们做到了。

哈格里夫斯将伍德福德的股票收益基金直接列入备受关注的财富 150 推荐基金名单中。哈格里夫斯给了该基金数十万名客户一个强有力的背书，这些客户正在对投资方向做出自己的选择。丹皮尔在大肆鼓吹这笔交易时宣称："投资者可以以低廉的价格寻找到顶级的基金经理。"哈格里夫斯还在财经媒体上发布了一系列广告，宣传语是"最优惠的价格：通过哈格里夫斯·兰斯多恩独家交易——年费用仅为 0.6%。你无法从任何其他经纪商那里以同样低的价格购买到这只基金"。

在一个名为"敢于做伟大的人"的广告中，该公司的联合创始人彼得·哈格里夫斯对该基金竖起了大拇指。"今天尼尔迈出了勇敢的一步，开始了自己的事业，"他称赞道，"正如我们 20 多年前所做的那样，我们支持他的新事业。我将在它启动时投资，我建议其他投资者也考虑这样做。"在同样的宣传中，丹皮尔也表示支持："我将毫不犹豫地把这只基金添加到我们的财富 150 基金名单中，并将投资我的个人养老金，而我的妻子将投资她的个人储蓄。"

"哈格里夫斯把这视为一笔巨大的财富，"一位参与伍德福德投资管理公司和经纪人之间讨论的人回忆说，"他们在营销方面非常积极，因为他们知道可以利用尼尔·伍德福德来吸引其他平台上的客户。"

6 月 19 日，股票收益基金启动，账户中已经有 16 亿英镑，这是一个不同寻常的开始，也是英国基金的一个新的记录。加上来自圣詹姆斯广场的 37 亿英镑，新公司在开业几周内管理的资金就超过了 50 亿英镑。这意味着它已经是英国最顶尖的二十多家投资集团之一。为了庆祝，伍德福德投资管理公司为 20 多名财经记者举办了一场派对。地点选在了梅菲尔（Mayfair）的兰根餐厅（Langan's Brasserie），多年来这里因举办奢华的名人聚会而闻名。这家餐厅于 1976 年开业，由爱尔兰餐厅老板彼得·兰根（Peter Langan）、演员迈克尔·凯恩（Michael Caine）和米其林星级厨师理查德·谢泼德（Richard Shepherd）共同经营，曾是伊丽莎白·泰勒（Elizabeth Taylor）、米克·贾格尔（Mick Jagger）、埃尔顿·约翰（Elton John）、麦当娜（Madonna）、穆罕默德·阿里（Muhammad Ali）、杰克·尼科尔森（Jack Nicholson）和洛·史都华（Rod Stewart）等名人最喜欢光顾的地方。大卫·霍克尼（David Hockney）设计了菜单。还有什么地方比在这里为投资界最耀眼的明星举办派对更合适呢？在楼上的多功能厅举行的葡萄酒晚宴上，伍德福德主持了会议，用他对市场的见解和对英国大公司的看法即席回答了问题。他一度表示，他想通过新的公司创造一个与19世纪传奇金融家约翰·皮尔庞特·摩根（John Pierpont Morgan）相媲美的商业帝国，他的摩根帝国仍然是全球银行业中的主导力量。

怀着祝贺自己的心情，伍德福德投资管理公司的团队自己组织了一个派对。20名工作人员聚集在牛津郡斯塔德汉普顿（Stadhampton）村的"疯狂熊酒店"（Crazy Bear）。这家豪华精品酒店为庆祝这一从任何角度来看都特别成功的启动提供了完美的环境。华丽的吊灯悬挂在木梁之间，一只毛绒黑熊在酒吧的一侧观望。屋外，棕榈树在铺满睡莲的池塘上伸展开来，微妙的灯光使整个场景沐浴在金色的色调中。整个晚上，员工们喝光了一瓶又一瓶香槟和啤酒，而这个夜晚也在几轮畅饮中结束了。"那天大家都玩嗨了，都喝得酩酊大醉，"一位与会者说。经过几个月的紧张工作，该公司获得了监管机构的批准，并拥有了数十亿英镑的新业务，这种令人眩晕的成就感是可想而知的。

虽然发布会的场地非常奢华，但伍德福德投资管理公司总部所在地却完全是另一番景象。这家新公司位于牛津市郊一个贫瘠的商业园区里的一栋三层玻璃建筑内。从这里可以俯瞰巴金普瑞米尔经济型酒店（Premier Inn）和大卫·劳埃德（David Lloyd）健身房。这里以前是莫里斯汽车（Morris Motors）大型工厂的一部分，在附近的牛津环线的另一边是宝马mini汽车的主要组装工厂。之所以选择这里，一方面是让伍德福德从科茨沃尔德庄园到工作地点的路程更近，通勤时间更短，另一方面也是想离牛津大学周边的科技初创企业更近一些。为了让办公室按时投入使用，纽曼一直忙于室内装修，而从景顺基金挖来的投资分析师斯蒂芬和保罗·拉克拉夫特的叔叔则被请来帮忙建造员工厨房。

这间开放式办公室里有几排办公桌，在办公室的另一端是为伍德福德和纽曼准备的两间玻璃办公室——角落两端各有一间。伍德福德的玻璃办公室是典型的基金经理办公室的样子：一张桌子上有三个屏幕——两个用于他的彭博终端，一个放电子邮件——一部电话、一叠研究报告，以及一份经常被浏览的当天早上的英国《金融时报》。与此同时，纽曼的办公室看起来更像是电视剧里的侦探办公室，墙上满是潦草的图表和便利贴。另外两位创始人尼克·汉密尔顿和格雷·史密斯在中间各有一个较小的办公室，那里还有伍德福德和纽曼的私人助理的办公桌。这个城外的商业园区明显缺乏便利设施——唯一的酒吧是毗邻巴金普瑞米尔酒店的低端必富达酒吧（Beefeater）——所以在接待区设立了一个由咖啡师经营的咖啡吧，成为社交聚会的场所。墙上最引人注目的是8张装了相框的A4纸，里面有用橙色荧光笔做了点缀的手写笔记。这是伍德福德第一个投资组合的草稿。会议室配有装饰着豪华天鹅绒的扶手椅以及真皮沙发和菠萝形台灯，墙上挂着当代艺术作品。深色的拼花木地板和低矮的灯光给这间办公室带来了一种现代感。

伍德福德每天早上 5 点多就起床了，他会先洗个澡，然后选择当天使用的通勤车——保时捷卡宴、奥迪 R6 旅行轿车、路虎揽胜或者老式奥迪四驱。他用 40 分钟驱车前往办公室，在听取交易主管的简短汇报后，就会全身心投入投资组合中，然后开始一天的会议，并密切关注三个宽屏上滚动的信息。他通常会在办公室待到晚上 7 点，然后开车回家。

很明显，纽曼在失业期间一直在研读最新出版的管理理论著作，尤其是那些来自硅谷的出版物。他希望创造一个宽松的工作环境，没有着装要求，也没有年假分配——这意味着员工可以不受限制地享受他们需要的假期。纽曼在办公室会穿牛仔裤、运动鞋和衬衫，参加商务会议时还会穿夹克，而伍德福德则通常是穿他标志性的牛仔裤和一件黑色紧身运动衫。纽曼欣然接受了科技企业家的行话，将企业描述为"敏捷"和"打破壁垒"，以构建一个更扁平化的等级管理结构。团队的任务是处理"项目"。为了检查他们的进度，员工将聚集在一起进行 20 分钟快速更新的会议，而不是定期开会。

纽曼想把技术放在公司的核心位置。从一开始，公司就使用了一个名为 Slack 的新即时通信系统，该系统只运行了几个月，就被全球各地的公司采用。它被用作公司的内部沟通工具，使员工无论身在何处都能全天保持联系。尽管伍德福德是一个天生的技术恐惧症患者，但他很快就适应了新的应用，并经常在晚上 11 点后查看 Slack，甚至在周末也是如此。技术的应用使员工可以在家工作，包括伍德福德在内的大多数人都不时的这样做。当伍德福德不在办公室时，他会打电话或通过电子邮件向交易台发出指示，即使在周五早上骑马时，他也可以管理他的投资组合。随着时间的推移，该公司开始开发一款手机应用程序，该应用程序可以提高交易效率，而且不需要交易员在彭博终端上重新输入指令。

数字技术被扩展到办公室生活的方方面面。当客人到来时，他们被要求在苹果的平板电脑上签到，而工作人员的每一个订单——从午餐三明治到股票交易——都要通过一个创建审计追踪的系统来执行。信息技术承包商开发了一个专有的仪表盘系统，公司的每个人都可以访问，这使得公司的各部门成员都能了解其他人的工作及进程。该系统设计了一个红绿灯系统，一旦投资组合的风险增加，或某部分业务有违反规定风险，员工都会得到提醒。"办公室里的每个人都努力支持尼尔。这就是仪表盘的意义所在，它意味着每个人都专注于帮助尼尔完成他的工作，我们都有参与感。"一位前雇员说。

仪表盘上的数据被醒目地显示在楼层一端的大蓝屏上。这是纽曼公司"极端透明"政策的一部分，该政策延伸到通过公司网站、博客和视频与独立财务顾问和投资者沟通。这一策略在一定程度上解决了消费者对投资集团隐瞒客户支付金额和具体投资项目信息的普遍不满问题，最初受到了投资者和媒体的欢迎，但随着时间的推移，该公司处理一些更大问题时变得不那么坦诚。

在投资组合中列出所有持股信息的决定是提高透明度的一个方面。纽曼当时说："我们坚信，我们所有的投资者都有权知道他们的钱投到了哪里，从基金的最大持股到最小持股。"在股票收益基金推出几周后，伍德福德投资管理公司在其网站上公布了其持有的全部股票的完整清单及其权重。对于这家新公司来说，这是一个大胆的举措，前所未有，纽曼希望其他基金经理也能效仿。在细节公布的当天，该公司网站被蜂拥而至的网民访问淹没并崩溃。一度每秒钟收到 155 个来自热切投资者的请求。这种开放程度受到了投资者的极大欢迎，但这也会成为新公司的致命弱点吗？

第一个投资组合与伍德福德以前的景顺基金有着惊人的相似之处。伍德福德和纽曼希望吸引尽可能多的景顺基金客户加入新的公司，因此他们设计的基金几乎是景顺基金的翻版。前十大持股公司主要是伍德福德已成为其代名词的蓝筹公司：制药公司阿斯利康、葛兰素史克和罗氏，香烟制造商英美烟草、帝国烟草和雷诺美国公司，富时 100 指数的中坚力量英国电信和劳斯莱斯，以及另外两家与伍德福德有着极大渊源的企业：大学衍生企业帝国创新公司和外包公司凯德资产。该基金的四分之一投资于大型、安全、派发股息的医疗保健类股票。这是伍德福德建立的防御性、创收型投资组合的基础。在外界看来，伍德福德正在恢复他在景顺基金时的工作状态——跟随他的投资者都期待能够获得他在亨利镇 26 年惊人的市场高回报率。但有迹象表明，伍德福德在开始改变他的策略。

十大持股公司占基金的近一半资产，但投资组合中还有 50 多家其他公司，其中许多都是名不见经传的小公司，除了关系最密切的公司经纪人，其他人都不知道。这些都是伍德福德多年来投资的新兴企业，主要集中在医疗保健和制药领域。由于景顺基金只公布了伍德福德持有的前十大持股公司，所以这些小公司一直在人们的视线之外。虽然知情的独立财务顾问偶尔会提到伍德福德对小公司的兴趣，但在全部投资组合公布之前，伍德福德对小公司的投入程度还是个未知数。

该基金中最大的 25 家公司的平均市值为 450 亿英镑，而其他上市公司——通常在英国一级市场创业板上市的，平均市值仅为 15 亿英镑。干细胞研究公司再生神经元（ReNeuron）是规模较小的公司之一，市值仅为 5 800 万英镑。伍德福德对该公司的投资占股票收益基金投资组合的 0.5%。另一家总部位于牛津的小公司——电子疗法公司（e-Therapeutics）的市值为 7 900 万英镑，也占该基金的 0.5%。还有六家未上市公司，主要是投资组合中规模较小的公司，但伍德福德在集团新网站上发布的一段视频中告诉投资者，他正在寻找更多的公司。

股票收益基金在推出时带来了创纪录的投资者资金，但这仅仅是个开始。由于这只基金得到了哈格里夫斯·兰斯多恩的大力推广，在所有知名平台上都可以买到，财务顾问们蜂拥而至。这项新业务还得到了媒体的持续报道，促使投资者倾尽毕生积蓄购买。第一年，每个月都有 2.5 亿英镑涌入。纽曼慷慨地给他的几个销售人员发放了总额超过 100 万英镑的奖金。两名团队经理威尔·迪尔和西蒙·戴尔每人获得了 35 万英镑，资历较浅的年轻成员每人得到了 18.4 万英镑。

纽曼和伍德福德也奖励了自己。伍德福德给自己买了一辆法拉利作为额外的福利。汽车制造商让他参观了位于意大利北部马拉内罗（Maranello）的私人测试赛道，试驾这款车型。纽曼也加入了他的行列。这对搭档正在追求着他们的英格兰中产阶级的客户一直梦寐以求的摇滚明星般的生活方式。然而，这次旅行引起了团队中其他人的不满，尤其是那些没有得到奖金的人。"那是一次为期两三天的男性行程，当时正是工作非常繁忙的时候。"一位前同事回忆说。"对我们这些人来说，这又是一个'可恨'的时刻。"

伍德福德精心挑选了他最初的投资组合，在能够提供可靠股息的大型稳健型股票和少量未来有增长潜力、前景看好的公司股票之间进行了权衡。但随着资金的涌入，伍德福德不得不寻找新的方式来实现这一目标。在对可靠但平淡无奇的蓝筹公司进行了超过 25 年的投资之后，他对同样的老企业感到厌倦。他创办这家新企业并不是为了像他职业生涯的大部分时间那样，他想要一个新的挑战，在更具活力的初创企业中测试自己。他终于摆脱了在亨利镇工作时的枷锁，因为景顺基金的美国老板们一直在干涉他。现在，他的名字就是招牌，他想向初创企业投入更多资金，他不希望再有人阻止他。如果他支持了正确的公司，这些公司将成倍增长，这不仅会带来丰厚的投资回报，还会因为发掘和资助有潜力的公司而获得赞誉。年过五旬的伍德福德开始考虑他的遗产。他已经获得了大英帝国司令勋章（CBE）——爵士头衔是否也即将到来？

伍德福德对科技初创企业的极大兴趣是众所周知的，当伍德福德坐拥越来越多资金的消息在伦敦金融城传开后，牛津商业园成为专业经纪人的首选目的地。关注伍德福德时间最长的人描述说，在他对公司董事会和高管施加威吓和欺凌策略的背后，他其实是内心非常天真和容易轻信的人。"他很容易被操纵。"一位前同事回忆道。"我为尼尔感到难过，因为他太容易上当受骗了。"他热衷于投资能够造福人类的神奇疗法和技术，这常常让他很容易就被摆在面前的古怪而精彩的商业计划所左右。他想扮演一个慷慨的救世主的欲望，压倒了他质疑自己把投资者的钱放在哪里的本能。

伍德福德在路米斯（Numis）、皮尔亨特（Peel Hunt）和塞科斯（Cenkos）等证券经纪公司的老熟人开始定期前往他的新办公室，提供需要资金的初创企业的融资方案。伍德福德认为自己是英国生物科学的伟大救星，而且有越来越多的资金可供配置，因此他慷慨地四处撒钱。"几乎整个街区都排起了长队。"该公司的一位早期员工回忆道：

当你查看所有围绕它们的规则和法规的文件时，你就会发现尼尔在选择上市公司时非常在行。但他将同样的想法应用于私营公司，私营公司会说，"明年，我们将获得这种药物的审批，我们将赚取数十亿美元。"尼尔会说，"我也要参加。"尼尔没有做任何尽职调查，就真的想投入所有资金。

凯德资产资深的首席执行官保罗·品达（Paul Pindar）就是参与为初创企业融资的人之一，他最近刚刚离开了这家外包公司。品达以前曾在私募股权领域工作过，他正试图建立一个主席职位组合，以确保自己能在退休后获得丰厚的收入。他很了解伍德福德，因为这位基金经理长期以来都是凯德资产的大投资者。品达成了牛津商业园的常客，为伍德福德介绍新的企业供他投资。新成立的在线房地产中介公司紫砖（Purplebricks）就是其中之一。该公司试图通过向卖家收取 599 英镑的固定费用来帮助他们出售房子，从而颠覆房地产市场。品达已经对该公司进行了个人投资，他说服伍德福德从股权收益中拿出 700 万英镑，购买了该公司 30% 的股份。品达后来加入了紫砖的董事会并成为董事长。他向伍德福德推荐的另一家初创企业是在线床垫制造商伊芙睡眠（Eve Sleep），之后也被任命为该公司董事长。这两家公司都是热门的互联网企业，试图颠覆传统行业——这正是伍德福德在互联网繁荣时期避开的公司类型。这两家公司都有一个良好的开端，但在上市后的几年里，它们又都陷入了严重困境。

伍德福德在向有前途的新兴企业投资时的慷慨使新办公室里气氛紧张。伍德福德选择投资项目的同时，他的三位投资分析师斯蒂芬、保罗·拉克拉夫特和萨库·萨哈的工作是对这些公司进行严格的评估，并对它们进行测试。萨哈专注于私营企业。一旦进行了尽职调查，任何私人投资都需要得到该公司法律与合规主管格雷·史密斯的批准。史密斯越来越担心未公开报价的投资申请的数量。甚至怀疑分析师对这些投资的审查是否彻底。这引发了史密斯和伍德福德之间的激烈争论，伍德福德讨厌自己的投资方法被人篡改。

在益福凡姆（Evofem）公司的问题上，紧张气氛达到了顶点。它是一家美国生物科学公司，生产女性的性健康和生殖健康产品。伍德福德在景顺基金时曾对益福凡姆投入了大量资金，现在他想再次投资。他在亨利的前同事对这家公司不太感兴趣，非常乐意把股份卖给他，但伍德福德需要花费 2.5 亿美元。史密斯对这个价格犹豫不决，并询问他是否进行了尽职调查。史密斯对分析师们提供的情况感到不满，追问前往益福凡姆在圣迭戈（San Diego）总部的旅行记录在哪里——但他惊讶地发现，尽管承诺向该公司投入 2.5 亿美元的资金，从没有人亲自考查过该公司的场所。

随后，伍德福德和他的投资团队发生了争吵，他认为律师的干预没必要，而史密斯则坚持己见。最终，他们达成了妥协，史密斯和萨哈将前往圣迭戈评估该公司。等他俩到了那里，一位益福凡姆的高管边喝啤酒边告诉他们，他在伦敦见过伍德福德两次，他在那里向这位基金经理介绍了他的公司，伍德福德似乎很想投资。但在这位高管等待后续一轮深入调查与质询的时候，景顺基金的资金却莫名其妙地流入了公司。这是他筹集到的最容易的一笔资金。史密斯的愤怒到达了新的高度。

撇开未上市的持股不提，股票收益基金在棘手的市场中开局强劲，头 4 个月的回报率为 3.3%。这使其成为同组 88 只基金中表现最好的一只，同期这些基金平均亏损 2.7%。但有迹象表明，该基金在其第一个季度股息支付方面未能达到目标，与向投资者承诺的 1 便士相比，每股收益仅为 0.8 便士。虽然这不是什么大的灾难，但对伍德福德来说却是一个令人担忧的预兆。25 年来，伍德福德一直为投资者提供源源不断的稳定的股息，并以此建立了声誉。然而，随着该基金的不断膨胀，似乎很少有投资者关心，其规模已扩大到 30 亿英镑。

就在这个时候，伍德福德的忠实信徒哈格里夫斯·兰斯多恩公司的马克·丹皮尔第一次来到了牛津商业园。在《独立报》的专栏中，丹皮尔热情地回顾了他与伍德福德及其分析师会面的情景，他们在会上讨论了他们在小型、未上市的市场发现的"许多令人兴奋的机会"：

> 很明显，伍德福德对他所投资的那些令人兴奋的年轻公司充满信心。只要有时间、资金和耐心，这些企业就能成长为未来的全球参与者。在我看来，如果与那些已经有可观收益率和良好盈利可见性的公司相结合，这将是一个极具吸引力的提议。我认为这是一个核心的英国股票收益基金，适合那些真正具有长远眼光的投资者。

伍德福德继续投资初创企业，此时他投资组合中的私营企业已经达到两位数，合计占投资组合的比例略高于 5%。其中多数是早期的医疗保健公司，如 Emba 和 Viamet，还有半导体制造商 Spin Memory 和农村宽带提供商 Gigaclear 等少数企业。另一家名为 Propelair 的公司设计了节水厕所系统。它筹集了 260 万英镑，其中 200 万英镑来自伍德福德。

伍德福德写了一篇评论文章，来回应丹皮尔从牛津商业园发来的热情洋溢的消息，刊登在哈格里夫斯·兰斯多恩公司网站的显著位置，在那里他赞扬了投资初创企业的优点。"这部分市场不受待见，估值被低估，因此我认为这是一个潜力巨大的领域。"他写道，"这种投资的风险比更多的主流投资领域要高，但是针对这些额外风险进行调整后，潜在的回报看起来更具吸引力。"

伍德福德告诉同事，他打算将未上市公司占投资组合的比例提高到7%—10%。但这遭到了两位创始合伙人格雷·史密斯和尼克·汉密尔顿的反对，他们与伍德福德和他的死党纽曼之间的冲突越来越多。在史密斯和汉密尔顿看来，伍德福德投资团队的尽职调查程序存在严重缺陷，他们对此感到焦虑。分析师们依据的是那些试图吸引资本的公司所提供的预测数据。他们将这些数据放入一个标准模板，发送给为伍德福德提供独立估值的咨询公司达夫菲尔普斯（Duff & Phelps）。达夫菲尔普斯会根据接收到的数据返回一系列有关该公司的潜在价值的数据，然后伍德福德的投资团队会在这个范围中选择一个中间值。

史密斯和汉密尔顿认为，分析师在没有充分审查的情况下盲目地接受了公司提供的数据。他们呼吁对该基金的未上市公司持股比例加以限制，限制范围要远远低于欧洲投资规则规定的10%，即通常所说的垃圾比率。但纽曼和伍德福德极力反对。对于伍德福德来说，这感觉就像历史重演，因为景顺基金的老板就是试图限制他对未上市公司的投资。这触动了他的神经。与此同时，纽曼咄咄逼人的欺凌策略——也是他在亨利镇的前销售人员所熟知的——再次抬头。史密斯和汉密尔顿就是他的目标。

"这儿不需要该死的控制，这是要给尼尔在景顺基金没有的自由。"纽曼在一次冲突中对他们喊道。在四个创始人进行的漫长而紧张的会议上，员工们透过玻璃墙可以看到，纽曼踱来踱去，打着手势喊着脏话。而在他们激烈争论的时候，伍德福德则默默地低着头，闷闷不乐地转动着他那块厚实手表的表圈。

尽管他们从一开始就达成了协议，并将该计划作为公司申请文件的一部分提交给了监管机构——但史密斯和汉密尔顿从未获得过该公司的股权，这些股权是由纽曼和伍德福德瓜分的。纽曼需要以史密斯的法律经验和汉密尔顿的运营背景为掩护，获得监管机构的批准。由于他缺乏高级管理经验或监管知识，如果没有史密斯和汉密尔顿，他永远不可能获准成立投资公司。史密斯和汉密尔顿已经帮助他们达到了目的，为新的公司在金融行为监管局和客户面前披上了一层体面的外衣，但现在公司已经开始取得巨大成功，他们就显得多余了。纽曼仅仅把他们看作可以剥离的昂贵的开支。随着四位创始人之间的关系降至冰点，纽曼开始想办法把他们赶出公司。

史密斯和汉密尔顿已经对公司的运营方式以及伍德福德痴迷于投资初创企业造成的隐患深感担忧。当了解到纽曼希望他们离开，并意识到他们永远不会成为股权合伙人时，史密斯和汉密尔顿决定主动离开。两人都在 2014 年 12 月辞职——距离公司令人兴奋的就职典礼刚刚过去 6 个月。这家公司刚成立不久，就出现了如此引人注目的离职事件，引起了金融行为监管局的注意。金融行为监管局要求这两人解释他们为什么要离开，并提供一份公司内部的详细情况，他们照做了。尽管他们做了陈述，监管机构却没有采取任何行动。这是监管机构未能采取行动的众多危险信号中的第一个。

随着史密斯和汉密尔顿的退出，伍德福德发现投资于他自认为有能力改变世界的小企业几乎不再有阻力。随着限制的减少，他的选择变得更加古怪。他被那些口若悬河的经纪人所吸引，在他们的描述下，那些初创企业拥有可以治疗不治之症的药方或解决环境灾难的办法。他轻率投资的一个典型例子是工业热力公司（Industrial Heat），一家基于主流科学边缘理念的北卡罗来纳州（North Carolina）企业。该公司于2012年由商人托马斯·达顿（Thomas Darden）创立，达顿此前从事制砖和清理污染工业场所的工作。他也曾研究冷聚变，这是一种在低温下几乎无限产生核能的理论。这个概念在20世纪80年代被揭穿，并遭到了科学家们的嘲笑。达顿后来承认，他最初认为冷聚变是一门"病理学"，在那里，信徒们只看到他们想看到的东西。但随着时间的推移，他改变了信仰。

达顿与一位颇有争议的意大利企业家安卓·罗西（Andrea Rossi）达成了一项协议，罗西声称自己发明了一种冷聚变反应堆，他将其称为"能源催化剂"（Energy Catalyzer，E-Cat）。正是工业热力公司同意授权罗西的发明并允许其商业化，才说服伍德福德和他的分析师支持达顿的公司。尽管罗西关于能源催化剂的说法从未得到独立证实，但该公司已经吸引了演员布拉德·皮特（Brad Pitt）的投资，之后苹果创始人史蒂夫·乔布斯（Steve Jobs）的遗孀劳伦娜·鲍威尔·乔布斯（lauren Powell Jobs）也与其签约，成为另一个财务支持者。但这些名人投资者每人只承诺投入几百万美元。与他们不同的是，伍德福德被彻底说服了，把他客户的5 400万英镑的资金投入了该公司。伍德福德最终拥有了该公司四分之一的股份。如果说有什么迹象表明伍德福德正在显露一种英雄情结，那就是他对工业热力公司的投资。

伍德福德完成这笔投资后，一位有意在投资行业从事研究工作的物理学博士与负责评估伍德福德想要投资的未上市公司的分析师萨库·萨哈会面。这次聚会是通过一个共同的熟人安排的，目的是让学生了解在资产管理公司工作和生活是什么样子。在广泛地谈论了这个职位的要求之后，这名学生开始询问该基金在科技方面的投资情况。当他听说工业热力公司在一个他认为是无稽之谈的物理领域获得了大笔投资时，他大吃一惊。他试图小心翼翼地解释他对冷聚变的不信任，但萨哈立即驳斥了他的顾虑。伍德福德的私人公司首席分析师——他没有正式的科学资格——不会仅被一个博士生告诉他所签署公司的可信度存在问题就改变对公司信誉的认知。

伍德福德对早期科技公司日益增长的支持欲望没有任何减弱的迹象，公司开始计划为他更古怪的投资推出专门的工具。从一开始，伍德福德投资管理公司的四位创始人就在讨论成立一只基金，让伍德福德可以尽情地发挥。事实上，提交给金融行为监管局的文件显示，这些创始人从一开始就曾考虑成立一只私人持股基金，但由于同时设立多只基金的复杂性，这些计划被搁置了。推出股票收益基金和准备为圣詹姆斯广场等公司管理数十亿英镑的业务被列为优先事项，因为它们一开始就带来了收入。

但是鉴于欧盟的规则，针对散户投资者的基金只能持有投资组合中 10% 的未上市股票，因此需要采用不同的投资结构。该计划是推出一个投资信托基金，并在股票市场上市，作为一家独立公司运营，拥有自己的董事会。自 1868 年以来，这些产品一直是英国市场的支柱，世界上最早的基金是第一批集体投资计划。投资者从一开始就承诺投入资金，并获得信托公司的上市股票，他们可以在证券交易所自由买卖这些股票。这种法律结构使伍德福德可以随心所欲地投资未上市公司，因为如果投资者逃离，就不会有出售资产的相同压力，也就是所谓的流动性风险。投资信托结构的另一个优势是，它允许伍德福德借钱，也就是通过所谓的杠杆来帮助其提高回报。这在更主流的零售基金中是不可能的。"成立信托基金的唯一原因是为了满足尼尔的愿望。做这些不为人知的事、成为大人物是他的一种快感。"一位熟悉该行业的知情人士说，"这是尼尔相信了一个故事，举起他那又大又有力的拳头，然后说，'对，我就是这样对你的。我有一本厚厚的支票簿。2.5 亿英镑，搞定。实现它。'这只是自我。随着年龄的增长，这是一个可怕的男性弱点。"

新基金被命名为伍德福德耐心资本信托（Woodford Patient Capital Trust，简称"耐心资本"），计划于 2015 年 4 月上市，预计首次公开发行将筹集 2 亿英镑。在一次颠覆基金管理行业的尝试，伍德福德和纽曼决定，与大多数基金不同，该信托基金将不按基金资产的百分比向投资者收费。相反，它将收取业绩费，但只有在每年回报率超过 10% 的情况下收取。他们希望，如果这些公司像伍德福德预期的那样成功，基金的价值就会随着时间的推移而暴涨，两人随后就会获得丰厚回报。该基金计划投资 50—100 只股票，其中四分之三是早期公司，伍德福德已经通过股票收益基金投资了其中一些。其余的将是大型成熟公司，它们将提供足够的股息收入作为该基金的运营成本。"20 年来，我一直在投资早期阶段的企业，10 年来一直在投资未上市企业，我学到了很多东西。很明显，我们这里有一个惊人的未开发的机会。"伍德福德在宣布新基金时对英国《金融时报》表示。"英国有一系列伟大的创新和发明，但我们不擅长将它们转化为经济上的成功。"

事实证明，伍德福德的人气如此之高，以至于在首次公开募股时，投资信托基金就吸引了 8.64 亿英镑的资金，后来缩减到 8 亿英镑。这是英国有史以来规模最大的投资信托基金发行——这是这位超级明星选股人的又一纪录。由于市场对该基金的巨大需求，在其上市后的几天内，其股票市值就超过其相关持股价值的 15%——这一溢价对于投资信托基金来说是罕见的，因为投资信托基金通常会折价交易。

　　该信托基金需要一个独立董事会对其进行监督，并确保由投资组合经理以维护投资者的最佳利益的方式进行管理。对于这些职位，伍德福德挑选了一些他最亲密的联系人，他们的公司都得到了他的大力支持。苏珊·塞尔（Susan Searle）被选为主席。这位满头银发的科技爱好者与伍德福德相识多年，她曾参与创立了一个与牛津大学、剑桥大学和伦敦帝国理工学院有联系的大学衍生企业，而伍德福德也投资了该企业。她也是伍德福德持有股份的其他几家公司的董事会成员。该信托基金其他董事会成员包括斯卡西亚（Circassia）制药公司的首席执行官史蒂文·哈里斯（Steven Harris），电池生产商耐克森（Nexeon）的首席执行官斯科特·布朗（Scott Brown），以及百达（BTG）管理服务公司的首席执行官路易丝·马金（Louise Makin）——这些都是伍德福德支持的公司。这种人员安排潜藏了许多利益冲突。董事会本应是独立的，需要对伍德福德进行问责，但伍德福德作为他们企业的最大股东之一，对董事会施加了影响。当他们的公司需要伍德福德提供财务支持的时候，他们能制约他并让他循规蹈矩吗？

　　2015 年 6 月，股票收益基金庆祝成立一周年。自被推出以来，该基金以包括股息在内的 19.6% 的回报率征服了市场。相比之下，伍德福德在景顺基金的收益基金的回报率为 13.3%，富时综合股价指数的回报率为 6.5%。为了纪念这一时刻，伍德福德接受了英国广播公司的采访，英国广播公司称他为"英国的沃伦·巴菲特"和

"无法停止赚钱的人"。在采访中，伍德福德被问到他认为成为一名优秀的基金经理需要具备哪些品质。他回答说："我认为在傲慢和谦逊之间保持健康的平衡是有益的。"彭博后来将伍德福德称为"牛津的神谕"（Oracle of Oxford），这与巴菲特的"奥马哈的神谕"（Oracle of Omaha）的绰号如出一辙。

尽管营收业绩数据令人印象深刻，但在投资组合中却出现了一些奇怪的情况。伍德福德的几只长期看好的蓝筹股，多年来一直被证明是可靠的，那时却遭受了重创。该基金十大控股公司之一的劳斯莱斯（Rolls-Royce）在报告业绩不佳后股价大跌，而工程集团巴布考克（Babcock）则遭受了市场抛售的打击，此前该公司警告称，如果苏格兰在2014年公投中投票支持独立，该公司将特别脆弱。与此同时，投资组合似乎迎来了小盘股的反弹，少数以前不为人知的企业价值飙升，拉高了整个基金的业绩。小公司占投资组合的15%，但其表现却占40%。

爱尔兰生物技术公司 Prothena 是大赢家之一，该公司的目标是开发罕见疾病的治疗方法，一年回报率为249%，为投资组合贡献了2.3个百分点。另一家出现了惊人增长的企业是 Allied Minds，这是一家与美国顶尖大学和国防工业有联系的知识产权企业。该公司在伦敦证券交易所上市的同时，股票收益基金推出了，伍德福德是首批投资人之一。在成立的第一年里，该公司的价值飙升逾200%。伍德福德在此之前投资的其他几家私人公司也在股市上有了突飞猛进的发展，包括制造高科技运输托盘的 RM2 以及致力于减少纺织业用水量的克赛罗斯公司（Xeros）。

但对股票收益基金在第一年的出色表现贡献最大的是一家名为分层医疗（Stratified Medical）的名不见经传的私营企业，该公司后来被命名为"仁爱人工智能"（Benevolent AI）。分层医疗通过训练强大的计算机算法筛选来自医学试验的数据，以验证针对治疗阿尔茨海默症等疾病的发现。伍德福德最初对该公司投资 4 000 万英镑，估值为 1.9 亿英镑。后来，他和一些美国投资者一起参与了随后的一轮投资，虽然只筹集了 670 万英镑，但该公司的市值达到了 12 亿英镑，是几个月前市值的 6 倍多。这一高价意味着分层医疗这家只有 23 名员工、营业额 120 万英镑的公司，在第一年对股票收益基金做出的贡献超过了阿斯利康、葛兰素史克和英国电信等许多跨国公司。这次成功，要么来自伍德福德挑选未来公司的强烈第六感，要么是成千上万把自己毕生储蓄托付给他的投资者被猛然惊醒。

# 09

## 流动性陷阱

2016 年秋天，二十多位英国小型企业的创始人和首席执行官收到了一封奇怪的邀请函，邀请函的结尾很有趣："我们非常希望您能参加，但请注意，本次活动高度机密，仅限受邀者参加。"这封邮件来自明星基金经理尼尔·伍德福德，收件人与他都非常熟悉。几乎所有的人都经营着以科技为基础的企业，依靠伍德福德的慷慨解囊而生存。对许多人来说，伍德福德是他们最大的股东。他邀请他们到牛津大学赛德商学院，与英国最有权势的两位公职人员——负责公务员事务的内阁秘书杰里米·海伍德（Jeremy Heywood）爵士和商业、能源和工业战略部的商业和科学总干事加雷斯·戴维斯（Gareth Davies）进行了一个下午的讨论。参加这次机密活动的人员有牛津纳米孔（Oxford Nanopore）公司、IP 集团和帝国创新公司的首席执行官，以及牛津大学皇家医学教授、前首相戴维·卡梅伦的顾问约翰·贝尔（John Bell）爵士。

　　伍德福德多年来一直在邀请海伍德，他安排这次聚会是为了展示他认为的英国最优秀的年轻科技公司。他想说服这些有影响力的官员，为初创公司争取更多的政治支持。邀请函上写道："我们希望杰里米能够了解我们英国的大学所致力的科学研究发展的质量和深度，更好地了解早期企业在通往大规模成功的道路上所面临的挑战，最终了解政府如何为帮助英国的知识经济增长和发展做出更多贡献。"

这次活动非常成功。就在两周后的 11 月 21 日，英国首相特蕾莎·梅（Theresa May）宣布启动一项由财政部牵头的审查，以确定政府如何能够更好地帮助初创公司筹集资金。伍德福德不仅被提名为报告撰写小组成员，而且报告的标题也是来自他最近成立的投资信托基金耐心资本（Patient Capital），这充分显示出了他对审查的影响力。两天后，财政大臣菲利普·哈蒙德（Philip Hammond）在其秋季声明中宣布向英国风险投资基金投资 4 亿英镑，作为努力解决"长期以来我们发展最快的科技公司的结局是被更大的公司收购，而不是自我扩大规模问题"的一部分。这篇演讲稿可能是伍德福德亲自写的。伍德福德从蓝筹股投资大师到初创公司投资冠军的转变已经完成。如今，他不仅是富时 100 指数成分股公司董事会中不可忽视的一股力量，还帮助制定政府政策，以支持由研究主导型企业构成的英国新经济。伍德福德的商业帝国逐渐成形。

伍德福德投资管理公司在其短暂的生命中曾成为英国投资行业的主导品牌之一。到 2015 年底，股票收益基金已经膨胀到 82 亿英镑，使其成为英国最大的基金之一，尽管成立仅 18 个多月。该基金的增长与哈格里夫斯·兰斯多恩的密切关系及其强大的营销机制密切相关，股票收益基金近 40% 的资产来自该券商的客户。

但是，在尼克·汉密尔顿和格雷·史密斯离开公司后的 12 个月里，公司并不是一帆风顺的。克雷格·纽曼很难找到一位能够长期合作的继任者，以填补汉密尔顿卸任合规和风险主管双重角色留下的空白。这两项职能被分割开来，新的风险经理仅任职了 9 个月，而合规负责人则在几年后被替换。随着业务的增长，一系列承包商被用来在不同的项目中履行合规职责。结果是公司内部缺乏一个强有力的人物来对伍德福德和纽曼进行问责。这是偶然还是有意为之？

2015年底，该集团还因投资一家小企业而首次遭遇了重大破裂。伍德福德投资1.8亿美元买下了美国生物技术公司西北生物治疗（Northwest Biotherapeutics）28%的股份。他通过股票收益基金和耐心资本投资了这家总部位于马里兰州（Maryland）、专门从事癌症治疗的公司。人们对这家公司在英国的业务知之甚少，但在谷歌上稍加搜索就会找到美国新闻机构对其商业行为表示担忧的一系列报道。2015年10月，网上出现了一份匿名研究报告，称西北生物治疗首席执行官琳达·鲍尔斯（Linda Powers）旗下的公司之间存在不正当的财务交易。虽然她否认了这些指控，但这并不足以阻止市场出现大规模抛售。在随后的几个月里，股价暴跌超过90%，伍德福德在该公司的大部分投资化为乌有。财务顾问们第一次开始质疑伍德福德团队的尽职调查是否符合要求。

西北生物治疗和其他几家处于早期阶段的公司的失败，导致耐心资本在第一年就亏损11.8%。这意味着伍德福德投资管理公司没有因运营该基金而获得报酬，因为它没有实现10%的目标回报率。董事会曾考虑在该信托基金中发行新股，但在艰难的第一年之后，他们感觉很难筹集到更多的资金，于是搁置了此计划。该信托基金的股价缩水至低于其资产净值的水平，这意味着投资者对相关资产的质量持怀疑态度。

伍德福德很快就被另一家他珍视的公司的内爆所打击。总部位于牛津的切尔卡西亚是英国生物科学领域的领军企业之一，在伍德福德 2014 年创办新企业的几周前上市。该公司市值为 5.81 亿英镑，是几十年来英国生物技术公司中规模最大的上市公司。该公司专门从事哮喘和抗过敏治疗，并得到了伍德福德最青睐的大学衍生企业之一帝国创新的支持。伍德福德不需要太多的说服性语言，就买下了切尔卡西亚 21% 的股份。两年来，这似乎是对一家具有巨大潜力的公司的有价值的押注。但在 2016 年 6 月，这一切都发生了变化，该公司被迫向股市宣布，其一直在研发的一种猫过敏药物的测试结果，被证明与安慰剂是一样的效用。分析人士曾预计这将是该公司的首个重大商业成功。但在几个小时内，切尔卡西亚的股价暴跌超过三分之二，伍德福德的投资者再次遭受严重的损失。然而，伍德福德对这些失败置之不理，继续投资风险较高的初创企业，希望能从中挑选出一两家成功的企业，让其他企业黯然失色。

尽管遭遇了这些挫折，伍德福德仍然是英国最知名、最受关注的基金经理。他的追随者大军中还有一些让人意想不到的新成员，蕾西·班哈德（Lacey Banghard）就是这样一个粉丝。她是一名有魅力的模特，以在《太阳报》（*Sun*）第三版上赤裸上身并作为《名人老大哥》（*Celebrity Big Brother*）的参赛者而闻名。她参加了《太阳报》的股票推荐大赛，选择了一个深受伍德福德本人影响的"罪恶股票"投资组合，其中包括英美烟草公司、帝国烟草公司和吉尼斯世界纪录啤酒生产商帝亚吉欧（Diageo）。在得知自己挑选的基金在 12 个月内的表现超过伍德福德的基金后，班哈德告诉《太阳报》："尼尔应该给我打个电话，我们应该去吃顿午饭，我也许能给他一些建议。"在伍德福德通过《泰晤士报》的《城市》八卦专栏做出的答复中，他回避了共进午餐的提议，但他补充说："她完全可以把她的新商业计划送来让我们审查。"

当时主导全国舆论的问题是英国是否在脱欧公投的准备阶段。伍德福德在这件事上很谨慎，没有发表自己的观点，但作为英国商业的坚定支持者，并且在他所投资的公司中一直与外国投资者的干扰作斗争——他相信，英国独立发展是有机会的。就像互联网泡沫和金融危机前夕一样，伍德福德再次发现自己与当时的主流商业思维相左。英国最大企业的老板们纷纷警告脱欧将带来灾难性的后果。这是伍德福德最熟悉的反向立场。他委托智库凯投宏观（Capital Economics）撰写了一份研究报告，探讨脱欧的经济后果，并在公投前几个月发表了这份报告。在报告中，顾问们认为，尽管英国脱欧有可能对经济增长和就业产生轻微的负面影响，但结果更有可能是温和的正面影响。

2016 年 6 月，在英国历史性的脱欧公投结束几个小时后，伍德福德就写信给他的投资者，试图安抚他们的紧张情绪。"我的工作是透过这种短期的不确定性，关注经济的长期基本面和我们投资的企业。"他在公司网站上的一篇博客中表示。"从长远来看，我认为英国经济的发展轨迹，以及更重要的世界经济的发展轨迹，不会受到今天结果的重大影响。"在接下来的几个月里，伍德福德越来越看好英国脱欧，他相信反对者将被证明是错误的，一旦脱欧细节敲定，被市场低估的公司市值就会大幅增加。他谈到，一旦确定性恢复、形势明朗，大量的外国资金就会涌入英国企业。

由于他们的公司受到了媒体的热烈欢迎，纽曼和伍德福德对公司的运营方式做了一些改动。他们想展示自己是如何颠覆过去的经营方式的。首先，他们宣布客户将不再为伍德福德投资团队使用的研究报告付费。多年来，消费者权益活动人士一直抱怨说，基金经理用基金中的资金购买了昂贵的分析师报告，这意味着最终投资者的投资回报降低了。在整个行业，价值数十亿英镑的投资银行研究被从客户的收益中扣除。活动人士认为，基金经理不会因为此项激励措施而去选择该公司所使用的研究报告，因为他们不是为研究报告付费的人。每个基金用于研究报告的资金几乎没有透明度，因此投资者不知道这对他们的收益有多大影响。该行业还充斥着不透明的交易——券商免费提供研究报告，以换取基金经理使用其交易服务。纽曼向媒体宣布，他的公司将承担研究费用。此举受到消费者权益保护者的欢迎，他们呼吁其他基金管理公司效仿。

纽曼和伍德福德的下一个声明显得更加激进，令整个伦敦金融城的基金经理感到惊愕，他们透露将在他们的公司中完全取消奖金。在投资行业，丰厚的经济奖励被视为神圣不可侵犯，奖金是许多从业人员薪酬的最主要来源。人们普遍认为没有奖金就不可能激励和留住员工。但相反，纽曼和伍德福德决定提高员工固定工资，并取消他们的活动工资，此举对公司成本的影响不大。纽曼在接受《泰晤士报》采访时表示："虽然奖金是金融业的既定特征，但尼尔和我想借此机会做一些不同的事情，以支持公司挑战现状的文化和精神。"同一篇文章中引用了另一位薪酬顾问对这一决定表示的震惊。"我从来没有遇到过这样的事情，"她说，"这很不寻常。银行和基金管理公司一直在努力改善它们的激励机制，但我不知道有哪家公司会完全废除这些制度。"

伍德福德在反对高管薪酬过高的问题上更进一步。他与前市政部长、玛莎百货（Marks & Spencer）前董事长保罗·迈纳斯（Paul Myners）联手，敦促政府推出一系列改革措施，以遏制大额薪酬交易。其中包括强制披露首席执行官与员工平均工资的比率，以及每年对高管薪酬进行具有约束力的股东投票。他们还呼吁成立一个由公司五大股东和一名员工组成的委员会，以制定和执行薪酬政策和薪酬方案。这些提议获得了高薪酬中心（High Pay Centre）的支持，该中心是一个反对过度奖励的研究团体。

但在幕后，牛津商业园的员工对于奖金被取消的原因有其他看法。他们认为纽曼希望公司规模继续呈指数级增长，每年都能赚到数十亿英镑。他不想和其他员工分享这些战利品，因此将员工的薪酬设定在一个固定的水平上，这样当公司发展起来时，他和伍德福德就可以获得所有增加的利润。一位前雇员说："克雷格完全以金钱为动机，他想从公司中榨取所有价值。"伍德福德和纽曼继续拥有整个公司，他们放弃了最初的想法，即提供公司股权作为吸引和留住员工的激励措施。并不是说公司的高级员工对薪酬结构的变化特别不满。尽管他们的奖金被取消了，但他们的工资水平仍然不错，尤其是因为他们不必每天往返于伦敦和牛津。他们几乎没有理由去别的地方。

那一年的公司账目揭示了伍德福德和纽曼对高额薪酬待遇的真实感受。公司第二年盈利 3 550 万英镑，伍德福德和纽曼将其中的三分之一转入了他们的个人银行账户。伍德福德以 720 万英镑的收入位居榜首，而纽曼则获得 390 万英镑。剩下的 30 多名全职工作人员一共获得 520 万英镑，平均每人略高于 17 万英镑。限制过高的薪酬是其他公司需要担心的问题，而伍德福德投资管理公司那些坐在角落办公室里的员工似乎不需要担心。

伍德福德和纽曼的丰厚回报与他们的客户在其基金中的投资经验呈负相关关系。在 2016 年，股票收益基金——当时规模接近100 亿英镑——回报率仅为 3.2%，而富时综合股价指数的回报率为16.8%。这是该基金首次表现逊于市场，也是伍德福德履历中为数不多表现不佳的几年中的一年。自从伍德福德创立这家公司以来，他的追随者大军第一次将他们的积蓄投入一只简单的跟踪基金，该基金只需支付一小部分费用就可以模仿指数，而不是把钱委托给这位受人崇拜的基金经理。耐心资本的表现也落后于大盘，伍德福德即将迎来又一个未能实现业绩目标的年份。

股票收益基金的不佳表现反映了伍德福德管理投资组合的方式出现了失误。他越来越倾向于早期的医疗保健企业，甚至出售其在大型稳定公司的股份，以购买更多未上市和小型上市公司的股票。截至 2016 年底，他的投资组合中有 40% 是医疗保健类股票，尽管这类公司在富时综合股价指数中所占比重不到 10%。他一直避免投资矿业和石油公司，而这些公司的股票全年都在飙升。自该基金推出以来，其投资组合中未上市和上市投机股票的比例增加了一倍，达到 35%，而保守型股票的比例减少了一半，达到 25%。该基金不像伍德福德早期在景顺基金的基金产品那样是一篮子被低估的盈利公司，而更像是对高风险医疗保健公司的集中押注。然而，尽管业绩不佳，投资者仍继续把他们的积蓄投向牛津。伍德福德投资管理公司在 2016 年英国最畅销基金管理公司中排名第六。

伍德福德对未上市企业的大笔投资很快引起了监管机构的注意。2016 年底至 2017 年初，金融行为监管局与 20 家投资集团开展了一系列研讨会，试图更好地了解基金经理如何对待难以估值的资产。在 2016 年 11 月与伍德福德投资管理公司的代表举行的一次会议上，监管机构对该公司内部的估值过程感到担忧。监管机构首席执行官安德鲁·贝利（Andrew Bailey）后来对英国议会财政特别委员会（Treasury Select Committee）说：“当时伍德福德投资管理公司也是该基金的估值方，因此它同时扮演了多个角色。”虽然为估值提供咨询的达夫菲尔普斯是一家外部公司，但它依赖伍德福德的投资分析师提供的信息，并直接向支付费用的投资公司报告。这造成了更多的利益冲突。金融行为监管局发现后，通知了该基金的授权公司董事凯德资产。"你们不能这样做，你必须指定一家独立的估值机构。"贝利后来这样说。"我们对此感到不安。"金融行为监管局要求凯德资产作为第三方在达夫菲尔普斯的协助下进行估值，以免除伍德福德自己的分析师职责。监管机构感到困惑的是，凯德资产在没有被告知的情况下，未能发现并纠正这种明显的利益冲突。

在伍德福德看来，监管机构的干预是多管闲事者干涉自己经营企业和投资组合方式的又一个例子。几周后，他以重要证人的身份出现在上议院科技特别委员会上，发泄了自己的愤怒。当被问及是什么阻碍了他对处于早期阶段的英国公司的投资时，他抱怨道：

> 我们过去遇到的问题是，监管机构非常关注零售基金的流动性，以及难以确定的证券估值。如果一家公司没有上市，其股价也没有在市场上确立，那么就很难（尽管并非不可能）达到一个可接受的价格，让散户投资者投资于该基金……这实际上是监管机构在与像我一样投资于此类业务的公司打交道时使用的方法和语气的问题。如果这种语气有所改变，我认为投资这些领域的积极性就会提升些。

伍德福德对金融行为监管局的耐心正逐渐减弱。也许下一次，他就不会对监管机构公开他与未上市公司的交易情况了。

一个月后，伍德福德投资管理公司推出了一只新的股票基金，目标客户是接近退休的储蓄者。收入聚焦基金（Income Focus Fund）

被设计成比股票收益基金风险更小，不会投资未上市企业的股票。但它仍持有许多伍德福德青睐的上市公司的股票，包括许多最近上市的小型企业。它的成立是为了向投资者提供稳定的股息，而股票收益基金一直在努力做到这一点。当新基金在 2017 年 4 月开始运营时，它已经吸引了 5.53 亿英镑资金。这使它成为英国历史上规模最大的基金发行之一，但不到股票收益基金在市场上筹集资金的三分之一，其规模最近突破了 100 亿英镑大关。新涌入的资金使伍德福德投资管理公司的资产在 2017 年 6 月飙升，接近 180 亿英镑，对于一家成立仅 3 年的公司来说，这是一个惊人的成绩。这比伍德福德离开景顺基金时管理资金的一半还多。伍德福德和纽曼在六个月的工作中获得了 1 270 万英镑的分红，其中伍德福德获得了 830 万英镑，纽曼获得了 440 万英镑。据知情人士透露，两人在 12 个月里总共取出了 2 500 万英镑。

随着生意的蓬勃发展，以及未来许多年丰厚分红的前景，伍德福德开始思考未来。他已年近六旬，积累了足够几代人兴旺发达的财富。20 年前，马丁·阿比布也面临类似的决定，他选择了对永久基金套现，但伍德福德有其他想法。他仍然有足够的精力继续工作，并享受着投资前卫的初创企业的自由。圣詹姆斯广场也开始考虑，如果伍德福德离开，公司将会变成什么样子。圣詹姆斯广场投资委员会主席戴维·兰姆就住在伍德福德住所附近的一个村子里，他与这位基金经理在当地一家酒吧共进晚餐并喝了几杯酒。兰姆想知道伍德福德对公司的长期规划，以及他是否已经确定了最终接手公司的人选。他有没有考虑卖掉它，或者聘请有前途的经理来接管。但是，当伍德福告诉兰姆，最终完成所有工作后，他将关闭这家公司，并把所有的资金退还给他的客户时，兰姆大吃一惊。相较于零售投资集团，这是一个在对冲基金和私募基金经理中更常见的退出策略。这表明伍德福德已经在为光荣地退出投资界做准备了。不幸的是，对于伍德福德来说，他最终的功绩还远未得到颂扬。

事实证明，2017 年 6 月是该行业的巅峰。在接下来的几个月里，伍德福德珍爱的几家公司相继遭遇困境，他的投资组合从各个角度被冲击。对于伍德福德和他的数十万忠实追随者来说，这是一个地狱般的夏天。如此辉煌的职业生涯到底是如何迅速瓦解的？

首先，股票收益基金最大的持股公司阿斯利康在公布了一种具有巨大潜力的肺癌药物未能通过关键的临床试验的消息后，其股价下跌了 16%。这是这家制药巨头有史以来最大的单日跌幅。这次暴跌使伍德福德的旗舰基金损失了 1.28 亿英镑。更多的坏消息接踵而至，伍德福德的另一大持股公司——路边救援公司 AA，因一次酒后斗殴的不当行为解雇了其执行主席，导致其股价下跌。紧接着，美国食品药品监督管理局（Food and Drug Administration）宣布将降低香烟中的尼古丁含量，这导致帝国烟草公司股价下跌 10%。帝国烟草是股票收益基金的第二大持股公司。

随后，伍德福德持有 19% 股份的次级贷款机构普罗维登特金融公司出现了动荡。8 月 22 日股市开盘时，这家总部位于布拉德福德（Bradford）的公司遭受了四重打击。该公司在 3 个月内第二次发布盈利预警，表示将暂停派息，而且正在接受金融行为监管局的调查，并透露其首席执行官已辞职。几分钟内，它的股价暴跌 66%。这是富时 100 指数历史上最大的单日跌幅之一。众所周知，普罗维（Provvy）是股票收益基金的第四大持股公司，占该基金的 4%，伍德福德的其他基金也持有普罗维的股份。更糟糕的是，伍德福德后来承认，在次级贷款机构当年早些时候发出的最初盈利预警后，他增持了其股份，因为他预计股价会回升。同一天晚些时候，专注于大学和军事研究的美国知识产权公司 Allied Minds 披露，其半年利润低于预期，令本已低迷的股价进一步下跌。

伍德福德投资的其他公司也出现了动荡，包括外包商凯德资产和大学衍生企业试金石创新公司（Touchstone Innovations），该公司前身为帝国创新公司——有几家公司的价值缩水超过三分之一。与此同时，伍德福德持有大量股份的几家小公司也被击垮。4D 制药集团（4D Pharma）在过去 12 个月里市值蒸发逾一半，托盘制造商 RM2、总部位于剑桥的生物技术公司球体医疗（Sphere Medical）以及净水公司海罗索斯（HaloSource）的市值均下跌逾四分之三。

截至 2017 年夏末，股票收益基金是过去 12 个月里表现最差的英国股票收益基金，也是在此期间唯一出现亏损的基金。对于一只在其成立不久的大部分时间里一直处于领先地位的基金来说，这是一次命运逆转。事实证明，这残酷的几个月是伍德福德投资管理公司及其超级明星选股人命运的关键时期。

伍德福德一些最大持股公司的糟糕表现开始让这位基金经理夜不能寐。尽管他提倡要具有长远眼光，但当形势逆转，他支持的企业发生内爆时，他很快就开始担心起来。在接受行业媒体《城市连线》采访时，伍德福德坦诚地表示，尽管他很嚣张还大言不惭，但他有一个软肋：

> 我也受到市场日复一日的攻击和批评的影响，我也不能免疫。当然，这让我很沮丧。通常是因为信息不灵通，而且很短视……如果你像我一样在这个行业中待了这么久，在某种程度上，就像耳边风全然不起作用。但我有点担心我们投资的一些年

轻公司……如果没有经过深思熟虑，批评的理由也不充分，这就会造成真正的伤害。所以，我不是免疫的，这确实有点疼，我不得不说，这很疼。

伍德福德开始把他的基金的困境看作自己职业生涯中最棘手时刻的重演——互联网泡沫的后期阶段。他相信就像在没有改变方向的情况下挺过了那段时期一样，自己可以在声誉完好的情况下再次度过风暴。在过去 25 年的大部分时间里，伍德福德都战胜了市场，他的狂妄达到了顶峰。他相信那些关于他能点石成金的炒作，但并不是他的所有追随者都那么相信。投资者开始向伍德福德投资管理公司的网站提出尖锐的问题，这些问题集中在一个名为"尴尬角落"的部分，包括"你有足够大的团队吗？"和"尼尔·伍德福德疯了吗？"在一段回应的视频中，这位基金经理表现得很不屑，他冷漠的蓝眼睛直直地盯着镜头：

> 我不认为我已经疯了。在我的职业生涯中，我曾经被批评过；事实上，在 1999 年底和 2000 年初，由于我当时的表现不佳，人们也用了同样的词汇来形容我……但这是一场持久战，我一直相信这一点，我不会弃之而去，不会逃避我整个投资生涯所遵循的投资策略、投资纪律和投资原则。

然而，这种强硬的表现未能让紧张的客户平静下来。自该公司成立以来，第一次有投资者开始撤资。第一个大叛逃者是基金管理公司木星资管的前首席投资官约翰·查特菲尔德 - 罗伯茨，他负责管理该集团的多管理人基金，挑选其他经理代表木星资管管理资

产。他投资伍德福德的基金已经 20 多年了。木星资管旗下的多管理
人基金一度向伍德福德投资管理公司提供了 10 亿英镑，但查特菲尔
德－罗伯茨逐渐失去了信心。可怕的 2017 年夏天成为压垮他的最
后一根稻草，他在 9 月份撤回了投入伍德福德基金的最后 3 亿英镑。
当时，查特菲尔德－罗伯茨对自己卖出伍德福德基金的原因保密，
但后来他承认，这是因为他担心伍德福德在未上市公司的风险敞口。
"我们对基金的情况失去了信心，"查特菲尔德－罗伯茨后来说。"刚
开始的时候，基金中有 6 家未上市公司，而当我们出售时，已经有
45 家了。"他补充说，木星资管最初没有透露撤资的原因，是因为
他不想引起其他投资者的恐慌，从而引发对该基金的挤兑。

除了糟糕的业绩和客户流失带来的烦恼，伍德福德还不得不平
衡他所投资的几十家急需现金的小公司的要求。这些公司的性质意
味着他们需要数年的持续融资，才有可能获得可观的利润。但正如
伍德福德经常抱怨的那样，很少有英国投资者愿意支持它们。还
有两名投资者也是英国小型科技企业的重要支持者：伍德福德在
景顺基金曾经的替补马克·巴内特，以及由前财政大臣乔治·奥斯
本婚礼的伴郎彼得·戴维斯经营的对冲基金兰斯唐恩（Lansdowne
Partners）。很少有人敢做出这样的承诺。这三位投资者往往是同一
家公司的最大股东。他们共同持有 IP 集团一半以上的股份，以及两
家大学衍生企业试金石创新公司四分之三的股份。伍德福德、巴内
特和兰斯唐恩还在 IP 集团和试金石创新公司推出的许多企业中持有
大量股份。伍德福德意识到，他很快将无法继续为他所投资的初创
公司的发展提供资金。巴内特和兰斯唐恩也出现了疲劳的迹象。为
了确保早期阶段的企业不会随着它们的投资消亡，这三位基金经理
知道，支持英国初创企业的投资者群体需要扩大。

　　IP 集团首席执行官艾伦·奥布里（Alan Aubrey）想到了一个解决他们所有问题的办法。他提议 IP 集团收购试金石创新公司，以打造一个英国学术研究的中心，向世界各地的投资者推销自己。这将减轻伍德福德、巴内特和兰斯唐恩的负担。奥布里向三位投资者提出了这个想法，他们看到了其中的价值，伍德福德和巴内特尤其感兴趣。但当 IP 集团把这个想法告诉试金石创新公司的老板们时，他们拒绝了，宁愿保持独立。这个报价也很低，没有收购要约通常要求的溢价。然而，IP 集团已经得到了试金石创新公司最大投资者的支持，这些投资者都是参与交易的一方，因此能够强行完成敌意收购。对于伍德福德来说，这是一线希望，但事实证明，这不过是一个假象。

　　2017 年是伍德福德投资管理公司的可怕之年，伍德福德罕见地接受了英国《金融时报》个人财经编辑克莱尔·巴雷特（Claer Barrett）和投资记者凯特·贝奥利（Kate Beioley）的媒体采访。当话题转到这位基金经理岌岌可危的投资组合时，伍德福德承认他每天都怀疑自己的判断力。"这是一个让人非常不舒服的处境，也是我职业生涯中最不舒服的时刻，"他承认，"但我相信我是完全正确的。我不知道什么时候才能证明我是对的，但我完全相信我是对的，就像我以前一直是对的一样。"

　　投资者全年已经撤回了 13 亿英镑，在经历了糟糕的夏天之后，秋季的赎回量急剧增加。相当一部分资金流出是由木星资管退出造成的，但其他机构投资者也放弃了伍德福德，包括保险机构英杰华集团（Aviva）。为了阻止投资者流失，纽曼命令他的技术团队开发一套系统，让公司可以直接与散户投资者打交道，而不是通过其他投资集团、金融咨询网络和基金超市等中介机构。从创业之初，纽曼就设想与基金的投资者建立直接关系，建立网站，通过视频和博客与他们交流。现在，他越发想直接向他们销售，以充分利用这些密切联系带来的商业优势。通过控制与最终投资者的关系，那种中间人可能会突然对伍德福德的投资能力失去信心，一下子带走数亿英镑的风险就会降低。重要的是，直接销售还减少了支付给经纪人的费用，这意味着伍德福德和纽曼的利润更高。这个项目的成本是巨大的，但纽曼预计它将在未来带来更丰厚的回报。

纽曼显然感受到了压力。他的辱骂声出现得越来越频繁。在路上的销售人员如果报告说他们的联系人摇摆不定，就会在电话中受到猛烈地攻击，而如果哈格里夫斯·兰斯多恩和凯德资产的代表对该公司的运营方式提出质疑，也会受到同样的对待。"在商界，你不会遇到真正的激烈争吵，但克雷格有一半的时间都是这样跟人沟通的，"一位前雇员回忆说。初级员工感到自己很脆弱，而办公室里的一些女性则对一些高级经理的性别歧视语言和淫秽笑话感到不舒服。投资团队的一名成员过去常说，"如果交易很容易，鸟儿也会做"，而纽曼曾告诉一位同事，他之所以雇用一名女性员工，是"因为她的胸部在所有应聘人员中是最好的"。甚至有一次，一位经理被发现在他的工作电脑上有色情内容。两名前员工称，报告此事的下级职员已被解雇。在许多办公室里，这种行为是不能被容忍的，但伍德福德和纽曼按照自己的意愿管理公司，将持不同意见者赶走。

随着工作紧张感的加剧，伍德福德开始在马背上释放压力，在周末参加马术比赛活动。这就要求他掌握三项主要的马术训练，即盛装舞步、马术障碍赛和越野骑行。伍德福德曾从他的第一匹马恩尼斯·拉德（Ennis Lad）上摔下来，多处受伤。后来他将坐骑升级为威洛斯·斯邦基（Willows Spunky），一只昂贵的爱尔兰骝马，高

16.2 手。整个夏天，伍德福德前往伍斯特（Worcester）、威尔特郡（Wiltshire）和沃里克郡（Warwickshire）参加了多项业余赛事。现在，伍德福德已经有了两个年幼的孩子来打发他不在办公室的时间。他不愿外出度假，所以大部分休息时间都待在科茨沃尔德的大庄园里。在那里，他会在周围的乡村散步，或者回到自己的私人办公室，阅读经济报纸和军事历史方面的书籍，尤其是关于两次世界大战的书籍。他还保留着年轻时对齐柏林飞艇尤其是乐队吉他手吉米·佩奇（Jimmy Page）的热爱。当他的家人说服他休息时，他最常去的地方是 2017 年在德文郡的索尔科姆度假胜地买下的价值 640 万英镑的度假别墅。这栋有六间卧室的房子俯瞰着海湾，被《每日邮报》（*Daily Mail*）描述为"邦德反派栖身地"，配有石质地板和木制阳台。但即使在那里，伍德福德也无法放下工作，从早到晚都在查看他的投资组合。

随着越来越多的客户要求赎回资金，伍德福德被迫抛售其基金中容易出售的股票，这些股票通常属于交易量最大、交易最频繁的大型上市公司。这意味着较难出售的未报价部分逐渐占有整个蛋糕中更大的份额。合规团队知道，如果该比例超过投资组合的 10%，监管机构将对该公司施加压力。

在伍德福德风险仪表盘上的"红绿灯"系统中，如果一只基金的未上市公司部分涨幅超过 7.5%，就会显示琥珀色；如果涨幅超过 8.5%，就会显示红灯。随着 2017 年接近尾声，红灯闪烁，伍德福德的股票收益基金投资组合即将突破未上市公司持股的垃圾股比率限制。该公司设计了三种方案来处理这个问题，其中两种更有创意。最明显的出路就是以任何可能的价格出售未报价的股份，但伍德福德拒绝放弃那些他认为能在未来几年内发展壮大的公司。他向这些企业投入了数亿英镑，不想低价出售。他表现出了行为经济学家所称的"处置效应"的明显症状。在处置效应中，投资者的行为是非理性的，因为担心亏损而长期持有暴跌的股票。他也不想出售更有吸引力的小公司，因为它们是基金中表现最好的，失去它们意味着更多的阵痛。

伍德福德团队提出的一个方案是设法让一些未上市公司承诺上市。另一个方案是将难以出售的资产转入伍德福德管理的其他基金。由于收入聚焦基金被限制投资于私人公司，因此只剩下耐心资本，以及伍德福德为 Openwork 财务顾问集团管理的一个名为"全域收入与增长"（Omnis Income and Growth）的小型基金。伍德福德开始将未上市公司的股份从股票收益基金转移到投资信托基金和全域基金，以换取向主要投资工具注入的现金。这使他能够降低股票收益基金中未上市公司的比例，同时也有了应对逃离投资者的资金。

这其中最大的交易是伍德福德将其在快速增长的药物开发商仁爱人工智能的 4 880 万英镑股份转让给了耐心资本。在此期间还发生了其他几项转让，包括基因组学（Genomics）和使命治疗（Mission Therapeutics）等未上市公司。这些举动在规则范围内，但并非正常交易。尽管纽曼承诺"极端透明"，但这些交易并未公开。如果当时投资者知道，他们肯定会质疑这些交易是否符合伍德福德客户的整体最大利益。他们也会担心是什么压力迫使这位经理人采取这种非常规的操作。

伍德福德的投资和合规部门的工作人员对股票收益基金的投资组合进行了认真的评估，以决定如何处理每只未上市公司的股票。这时，一位长期合作伙伴给了这位选股人一根救命稻草。14 年前，伍德福德还在景顺基金任职时，曾支持过亿万富翁、地产大亨安东·比尔顿，当时他创立了一家投资俄罗斯房地产的公司。比尔顿的最新公司莎宾娜庄园在伊维萨岛开发了豪华住宅。伍德福德再一次投资了该企业。伍德福德曾承诺进一步投资莎宾娜，但如果他这么做，他就有可能让股票收益基金对未上市股票的持股比例超过10%的上限。莎宾娜的经理们意识到额外的资本注入处于危险之中，于是想出了一个解决方案。该公司将在根西岛证券交易所上市，这意味着它将不再被归类为未上市公司。为了让这招奏效，凯德资产（后来被出售给了一家澳大利亚企业并更名为林克，Link）被要求从监管角度将根西岛的交易所归类为"合格市场"。

格西岛交易所面临着几个问题，尤其是其规模，比欧洲主要市场要小得多。根西岛证券市场的早期版本是海峡群岛证券交易所（Channel Islands Stock Exchange），十多年前曾是丑闻缠身的Arch Cru基金的所在地。交易所因在该基金破产中扮演的角色而被罚款19万英镑。交易所的负责人——包括哈格里夫斯·兰斯多恩的联合创始人、根西岛居民斯蒂芬·兰斯当——曾试图重振其品牌，对其进行重组并将其命名为国际证券交易所。

林克同意了莎宾娜的提案，根据金融行为监管局的规定，这家房地产开发商不再被视为未上市的控股公司。此举使伍德福德得以在不违反规定的情况下继续投资该公司。莎宾娜在股票收益基金持有的股份非常少，所以它对公司的影响不大，但这笔交易揭示了一个非常有用的漏洞。这会是伍德福德的免罪牌吗？

对伍德福德来说，新的一年有一种诡异的熟悉感。在2018年的头几周内，伍德福德拥有30%股份的在线房地产经纪公司紫砖的市值暴跌，根据一名分析师的报告，原因是该公司只有一半的客户在10个月内卖出了自己的房子，而伍德福德此前宣称该比例为88%。

AA 公司也受到了冲击，因为利润下调和股息削减导致其股价在一天内下跌 30%。尽管莎宾娜采取了行动，但股票收益基金在年初仍持有 9.5% 的未上市公司股票，一个月后增至 9.7%。伍德福德的仪表盘又一次亮起了红灯。在股票收益基金投资的 122 家公司中，有 39 家未上市。与纽曼"极端透明"的做法不同的是，该公司试图保护投资者免受其基金内部日益严重问题的影响。该公司不再公布未上市公司占基金比例的详细信息。

2018 年 2 月，该基金首次突破 10% 的上限，引起了金融行为监管局的注意。根据监管机构的规定，这种违规行为被归类为被动行为，因为它不是新交易的结果，而是市场波动的结果。然而，它仍然需要纠正。伍德福德重新调整了投资组合，但在几周内，该基金再次突破了限制。金融行为监管局意识到了伍德福德的困境，开始每月与林克和托管机构北方信托（Northern Trust）讨论伍德福德旗舰基金的流动性问题。作为这些讨论的一部分，林克引入了一种分析投资组合的新方法，以了解如果继续受到一系列赎回请求的冲击，它将如何应对。该公司对每一笔持股的评估是基于在正常市场条件下出售的速度的。在以此为基础对该基金进行的首次分析中，林克认为，仅有 21% 的投资组合可以在一周内售出且无须打折，而 25% 的投资组合则需要一年多的时间才能售出。大多数零售基金很少有超过 3% 的此类流动性差的资产——如果它们有的话。

在监管机构的严厉监管下，伍德福德面临着更大的压力，需要解决其旗舰基金不断升级的流动性危机。在两个月内两次突破未上市公司比例限制后，这位基金经理需要采取更激烈的行动来维持稳定，避免陷入困境。基金规则规定，如果私人公司打算在未来 12 个月内上市，就可以被归类为上市持股。因此，伍德福德试图说服他最大的几家私人公司做出上市的承诺。他成功地说服了他最大的未上市控股公司仁爱人工智能和癌症治疗公司质子合作伙伴（Proton Partners），取消了他在这些公司持有的股份，并以在 12 个月内上市的承诺重新发行股票。虽然这两家公司都没有比重新发行股票之前更容易交易，但这种巧妙的做法使它们被排除在未上市持股的高风险部分之外。

但即使是修改规则也是不够的。伍德福德仍然需要抛售他的投资组合中未上市公司的股票，从最容易出售的开始。他出售的首批资产之一是农村宽带供应商 Gigaclear 的 25% 的股份，他以 6 900 万英镑的价格将其出售给了 M&G 集团。另一个是 A. J. Bell 的 8% 的股份，A. J. Bell 是一家快速崛起的基金超市，已经能够与哈格里夫斯·兰斯多恩竞争。伍德福德与该集团的创始人安迪·贝尔（Andy Bell）关系密切，并在 2007 年收购了贝尔的商业伙伴，首次投资该公司。现在，该公司正准备上市，市场估值为 5 亿英镑。伍德福德以 4 000 万英镑的价格卖掉了公司的股票，一部分卖给了他在景顺基金的学徒马克·巴内特，一部分卖给了贝尔本人。这笔交易在短期内缓解了伍德福德的压力，帮助他保持在 10% 的未上市公司比例上限以下，但在接下来的几个月里，当他看到 A. J. Bell 上市后不久市值翻了三倍后，他非常后悔出售了该股票。事实证明，正是这一点让伍德福德更加不愿意出售初创企业股票。

3 月底，更多的坏消息接踵而至。伍德福德的旗舰基金被英国投资协会的英国股票收益部门剔除，原因是未能为投资者提供足够的股息。在过去 3 年里，该基金的收益率仅为 3.5%，而富时综合股价指数的收益率为 3.6%。这对伍德福德来说是一个耻辱性的打击。在近 30 年的时间里，他通过投资帮被低估的公司建立了自己的声誉，这些公司一直在为他的粉丝群体提供稳定的收入，其中许多人依靠他的投资所得过着自己的退休生活。在他挑选被低估股票的能力受到严重质疑的时候，他再也无法回到自己在选择股息方面创造的纪录了。

受影响的不仅仅是股票收益基金；耐心资本的表现继续严重逊于市场。这家上市信托公司对爱尔兰生物科技公司 Prothena 投入了大量资金，后者专注于寻找治疗罕见疾病的方法。2018 年 4 月，Prothena 公司宣布其研发的一种药物的临床试验失败。该公司股价暴跌三分之二，导致耐心资本股价下跌 11%。"Prothena 的问题很明显。"伍德福德投资管理公司的一名前雇员说。"在那之后，我们预计公司会遭受致命打击——但它并没有发生。我们很幸运地度过了2018 年。从那一刻起，我们的时间不多了。"

然而，尽管伍德福德和纽曼公司本财年的利润只有 3 370 万英镑，但日益不稳定的财务状况并没有阻止他们进一步攫取了 3 650万英镑。伍德福德拿到了 2 370 万英镑，给纽曼留下了 1 280 万英镑。但即使这样，纽曼还搜刮了伍德福德投资管理公司的金库，要求获得 300 万英镑的无息贷款。到目前为止，伍德福德已经接受了这一事实：即使公司真的幸存下来，剩下的也只是曾经管理的 180 亿英镑的一小部分，但这并没有妨碍两位联合创始人在还有钱可以攫取的情况下尽可能多地从公司提取资金。毕竟，这棵摇钱树可能很快就枯萎了。

纽曼投资的是价值数百万英镑的房地产项目。他花了 340 万英镑在亨利镇外买了一栋具有华丽艺术和工艺风格的七间卧室豪宅。这栋房子坐落在 15 英亩的土地上，包括蓝铃花树林和一座罗马别墅的遗迹，由一位曾与著名的埃德温·鲁琴斯爵士（Sir Edwin

Lutyens）共事的建筑师设计。多年来，纽曼花了一大笔钱，修建了一个橘子园、一个网球场、一个门房和一个谷仓，并扩建了能容纳四辆汽车的车库。他还在伯克郡沃格雷夫（Wargrave）村外建造了一栋有六间卧室的红砖住宅。

伍德福德和纽曼并不是唯一从这个行业撤资的人。投资者持续不断地从这些基金撤资，股票收益基金跌至峰值水平的近一半。对伍德福德投资管理公司的成功至关重要的大型基金分销商也开始放弃这家公司。在线股票经纪商 Charles Stanley Direct 将股票收益基金从推荐名单中删除，而伍德福德长期支持的 A. J. Bell 公司几个月后也采取了同样的做法。

2018 年底，正当伍德福德奋力挽救自己的企业时，他收到了来自高等法院传票，这对他产生了不必要的干扰。他仍是大杂烩企业斯图伯特集团的大投资者，持有该集团略低于 20% 的股份。该公司特立独行的前首席执行官安德鲁·廷克勒卷入了一场董事会争斗，这一次他试图赶走董事长伊恩·弗格森（Iain Ferguson），让迪拜的零售业亿万富翁菲利普·戴（Philip Day）取代他。廷克勒说服了作为公司最大股东之一的伍德福德支持他的行动。但事与愿违，当该集团的另一个大投资者马克·巴内特支持弗格森时，后者在股东投票中以微弱优势胜出。公司随后解雇了廷克勒。一番相互指责之后，斯图伯特将廷克勒告上法庭，指控他与伍德福德合谋购买了公司航空业务的大量股份，并在不久后以两倍于他们所支付的价格出售。在证人席上，伍德福德说他对这些"完全错误的"指控感到"震惊"。当法官鲁森（Russen QC）最终判决廷克勒败诉时，他形容伍德福德对事件的描述是"不完整的"，并补充道："我对伍德福德先生的总体印象是，在当时的证据条件下，他还一直坚持从廷克勒先生的角度看问题。结果就是他没能像他声称的那样，对事情有一个平衡与客观的理解。"

随着股票收益基金不断缩水，伍德福德开始拼命抛售投资组合中的所有资产，以防止其超过未上市股票 10% 的上限。他还因投资组合的流动性状况感受到了来自林克的压力。但是，即使绞索收紧，他也无法通过少数未上市公司股票的价值上涨来避免情况变得更糟。其中之一是在仁爱人工智能，他参与了 1.15 亿美元的融资，使该公司的价值从 12 亿英镑增加到 15 亿英镑。2018 年 9 月，伍德福德的耐心资本信托公司将冷聚变业务工业热力公司的价值提高到惊人的357%，表明该公司的整体估值为 9.18 亿美元，而这一估值的依据是可疑的科学理论。这一涨幅意味着，该公司在耐心资本中的占比一夜之间增长近 10%。

这一涨幅还导致该公司在股票收益基金占比增长 4%。由于伍德福德被迫出售了其在可靠的蓝筹股企业中的股份，以偿付逃离的投资者，这支旗舰基金正被小型和波动性较大的公司的大量股份所支配。该基金持有的前十大股票——曾经是英国最可靠的大公司——如今却由一堆苦苦挣扎的企业和尚未盈利的不知名科技初创公司组成。如果不接受最低价，出售这些公司几乎是不可能的。伍德福德给自己设下了一个典型的流动性陷阱，根本无法逃脱。

2018 年 12 月 18 日，伍德福德前往埃克塞特大学，接受母校授予的荣誉学位。几天后是伍德福德投资管理公司员工的圣诞派对。20 多名全职员工聚集在一个乡村度假胜地。这是一件令人沮丧的聚会，与四年前在疯狂熊酒店那个令人兴奋的夜晚完全不同。大多数人加入该公司是希望它能成长为全球投资市场最大的参与者之一。但现在他们意识到，公司能再活一年就算幸运了。几乎所有与会的人都持有该公司的个人股份，因为股票收益基金是提供给员工的默认养老基金。他们非常清楚，在伍德福德的管理下，全国各地的储蓄者是如何在过去的两年里眼睁睁地看着自己的退休金大幅缩水的。在派对上这位垂头丧气的基金经理发表了一篇悲观的演讲，为员工所承受的压力道歉，并发誓要扭转局面。在场的人注意到他声音颤抖，眼里含着泪水。态度的钟摆已从傲慢转向了谦卑。

10

自燃

几周以来，尼尔·伍德福德的新闻顾问一直在为他的采访做准备。他们给他制订了应对方案——明确自己以估值为导向的投资方法，并表现出同理心和谦逊。他必须按照剧本行事。与他在职业生涯中接受的大多数媒体采访不同，这不是一个吹嘘自己投资成功的机会，这是决定伍德福德投资管理公司成败的关键时刻。当时公司正处于一片混乱之中，但如果伍德福德表现得镇定自若，可以掌控全局，或许有助于增强人们对他基金的信心，这样他就可以重振公司。

计划如此，但在牛津商业园公司总部的一间玻璃幕墙会议室里，英国《金融时报》的资产管理编辑彼得·史密斯（Peter Smith）连续两个小时轰炸尖锐的问题后，这位脾气暴躁的选股人终于崩溃了。"我不会根据你们解读的我的行为来管理我的工作、职业和个人生活。"伍德福德咆哮道，"我有我的道德准则。我做任何事都有道德准则；因为我的投资方式，我所信奉的纪律，我已经准备好忍受并度过我职业生涯中最痛苦的两年半，因为我坚持我所坚持的纪律。"史密斯是一名经验丰富的澳大利亚记者，采访风格咄咄逼人。他向伍德福德追问正在以惊人速度缩水的旗舰基金的情况。到目前为止，该公司已经遭遇连续 21 个月投资者赎回。"按照这样的速度，它能持续多久？"史密斯想要知道答案。"好吧，你自己计算一下就知道了。"伍德福德讽刺地反驳。"据推测，我们在两年半内就会被淘汰。"这是出于愤怒而做出的一个草率的预测，事实证明这是一种无可救药的乐观。

后来，伍德福德平静了一些，采访接近尾声时，他反思道："你在这里的原因是，在过去的 30 多年里，我确实有相当不错的表现。但我这两年过得很糟糕，我可不想再经历这样的两年了。事实上，我期待着未来两年能够再度辉煌。也许那时我们会在这里再开一次会，你会诧异，想知道'这到底是怎么回事？'"

采访发生在 2019 年 3 月，当时伍德福德的公司业务似乎不太稳定。新的一年，基金超市哈格里夫斯·兰斯多恩宣布，它正在大幅削减其推荐的基金数量。在说服哈格里夫斯的客户大军将他们的储蓄放在哪些基金方面，这份所谓的最佳购买清单具有压倒性的影响力。哈格里夫斯是伍德福德最重要的客户，其客户仍占伍德福德的领头羊股票收益基金资产的 30%，占规模较小的收入聚焦基金资产的 62%。在过去的三年里，伍德福德投资管理公司从哈格里夫斯的客户那里收取了大约 5 000 万英镑的费用。令人难以置信的是，尽管伍德福德在过去 18 个多月里的表现令人震惊，但这两只基金还是在最佳购买清单中幸存了下来，哈格里夫斯仍然乐于向客户推荐它们。仅 2018 年，股票收益基金投资者就下降了 17%。作为继续留在名单上的谈判的一部分，伍德福德和纽曼同意将他们的费用降至 0.5%，而在竞争对手的平台上，这个比例仍是 0.75%。哈格里夫斯还继续通过其 85 亿英镑的多管理人基金系列向伍德福德基金客户提供资金。

伍德福德的忠实支持者马克·丹皮尔带领团队编制了最佳购买清单。然而，就连他自己似乎也开始怀疑这位曾经伟大的投资者了。"尼尔在这段时间里至少经历了两次人生低谷期。"他在谈到精简后的清单时说，"我们是有耐心的投资者。简单的做法是把它从清单上去掉，我想很多人都是这么做的。在过去的 18 个月里，我们经常见到尼尔。我们和伍德福德一样总是为这样的事情而苦恼，我有时晚上都睡不着觉。"

事实上，一段时间以来，丹皮尔和他在哈格里夫斯的同事们对伍德福德的投资表现持严重保留态度。早在 2017 年 11 月，他们就已经注意到，股票收益基金中未上市公司的小额持股大幅增加。那个月，他们与伍德福德会面，强调他们对伍德福德基金中难以出售的资产水平感到非常不安，并敦促他解决这个问题。伍德福德向丹皮尔和他的团队承诺，从那时起，他将不再对未上市企业进行新的投资。包括哈格里夫斯多管理人基金负责人李·加德豪斯（Lee Gardhouse）在内的哈格里夫斯家族高管也向伍德福德明确表示，他应该将未上市公司持股比例控制在远低于 10% 的门槛之下。他们说，如果伍德福德违反了这些规定，应该尽快通知哈格里夫斯。然而，在 2018 年 3 月和 4 月，伍德福德两次突破了这个上限，但他没有告诉哈格里夫斯。他们在多个场合曾直接问他，该基金是否已经接近突破上限，伍德福德否认了。

从 2018 年 1 月起，丹皮尔、加德豪斯和他们的同事坚持要求伍德福德每月更新投资组合中未上市公司股票的最新情况。每一次，哈格里夫斯的经理都希望伍德福德向他们保证，他正在尽一切可能降低风险敞口。这些讨论经常会变得相当激烈，哈格里夫斯的团队对伍德福德不愿出售他宝贵的未上市公司股份越来越恼火。伍德福德告诉他们，有些股份有人出价，但他觉得未来可以得到更好的价格。哈格里夫斯的团队回应说，伍德福德没有充裕的时间，应该尽快脱身。"这么说吧，'你到底在干什么？'"一位参与讨论的人士说。"这句话不止在一个场合被说过。"

尽管丹皮尔和他在哈格里夫斯的同事们对此表示担忧，但他们并未公开，而是继续建议客户投资伍德福德的基金。在某些方面，他们陷入了困境。由于伍德福德的公司自成立以来就得到了他们的大力推广，并投入了大量的营销资源来说服自己的客户与该基金经理一起投资，所以这些基金现在严重依赖这种关系的持续。哈格里夫斯·兰斯多恩和伍德福德投资管理公司已经不健康地纠缠在了一起。在哈格里夫斯的 110 万名客户中，近三分之一的人投资了股票收益基金，超过 13 万人进行了直接投资。成千上万的人从竞争对手那里涌向基金超市，因为他们承诺能够以市场上最便宜的价格购买伍德福德的基金。自从该基金成立以来，哈格里夫斯已经从投资股票收益基金的客户那里获得了近 4 000 万英镑的收益。难怪丹皮尔彻夜难眠。他对伍德福德的投资能力失去了信心，但如果他把伍德福德的产品从哈格里夫斯的最佳购买清单上删除，投资者就会逃离，而他就会成为引发对伍德福德的基金挤兑的人，从而让伍德福德作为偶像的职业生涯，甚至他自己的职业生涯落幕。

虽然伍德福德仍然可以得到哈格里夫斯的保护，但更多的坏消息接踵而至。2019 年 2 月，股票收益基金被列入英国表现最差的基金名单。这份由理财规划机构贝斯廷维斯特编制的榜单得到了个人财经媒体的广泛报道，并曝光了三年来一直在亏损的基金。调查显示，三年前投资于股票收益基金的 100 英镑现在只值 87 英镑。这是伍德福德的基金首次上榜，股票收益基金排名第二，仅次于马克·巴内特管理的景顺基金的基金产品。伍德福德为圣詹姆斯广场管理的基金也榜上有名。这对伍德福德来说又是一次耻辱，投资者对这些坏消息的反应是撤回更多的资金。

与此同时，股票收益基金继续受到大量倒闭公司的影响。在二月中旬的一天，紫砖在下调销售预期并宣布其英国和美国首席执行官都将离职后，市值蒸发了四分之一。这次下跌给伍德福德造成了 3 200 万英镑的账面损失。伍德福德长期支持的另一家企业——能源经纪集团 Utilitywise 透露，它没有足够的资金来偿还债务，并任命了管理人。伍德福德是 Utilitywise 的最大股东，而就在五年前，该公司还被英国的创业板（另类投资市场）评为年度最佳公司。

尽管伍德福德已经出售了几家比较容易转移的私人公司，但他的股票收益基金投资组合中未上市公司持股仍然超过了 10% 的上限。这一次，这位不愿再出售任何公司的基金经理想出了一个更有创意的方法。虽然合法，但他的最新策略却极不传统，也并非没有争议。他设计了一个方案，将股票收益基金五家未上市公司价值 7 300 万英镑的股份出售给耐心资本，以换取该投资信托公司的股份。这个方案之所以能成功，是因为该信托公司是一家上市公司，也是富时 250 指数的成份股，因此伍德福德实际上是将自己的私人持股转化为上市公司的股份。这意味着股票收益基金的未上市公司持股比例被降至 8% 以下，并在一定程度上缓解了该基金日益增长的压力。

复杂的以股份换资产交易扩大了规则的范围，并引入了更多的利益冲突，因为伍德福德同时身在买方和卖方。这一方案是为了给自己喘息的空间，但它究竟是符合股票收益基金投资者的最大利益，还是符合耐心资本股东的最大利益，那就是另一回事了。原子银行（Atom Bank）、卡里克疗法（Carrick Therapeutics）、Cell Medica（一家美国抗癌疗法研发商）、RateSetter（一家英国 P2P 网络借贷公司）和 Spin Memory（半导体制造的初创企业）这五家公司的股权被交换成耐心资本的新股，相当于该信托基金 9.9% 的股份，略低于需要股东批准的 10% 的门槛。由于这些股票是新发行的，与在二级市场上购买的股票相比，股票收益基金投资者的损失超过了 1 000 万英镑。这也意味着伍德福德的股票收益基金现在是他管理的投资信托基金的最大股东——这又是一个公司治理方面的危险信号。

伍德福德策划了一段时间。他花了大量时间去说服耐心资本董事会的苏珊·塞尔（Susan Searle）和她的同事，以及估值机构达夫菲尔普斯和两家基金的授权公司董事林克。最后，林克尽管讨论这项有争议的计划已有数月之久，并被要求定期向金融行为监管局提供基金流动性的最新情况，但直到 2 月 28 日交易当天，他才通知了监管机构。

伍德福德声称，他之所以选择坚守他的未上市公司股票，是因为他对这些公司的发展潜力有着坚定的信念。但他在小企业（甚至是上市公司）持有的大量股份，让他几乎不可能在不接受低价的情况下出售。对于他早期投资的许多公司，伍德福德在后来的几轮融资中又投入了更多资金，增加了越来越多的持股量。伍德福德是他所支持的数十家企业的最大股东，其持股比例普遍超过 20%。实际上，到那时为止，在股票收益基金持股比例最高的十家公司中，有几家都是伍德福德拥有 20%—30% 股权的公司，比如普罗维登特金融公司、Theravance Biopharma（一家多元化的生物制药公司）、NewRiver Reit（一家从事英国房地产业务的房地产投资信托公司）和 Autolus（一家英国生物科技公司）。他即使想摆脱它们，也摆脱不了。这是伍德福陷入的又一个困境。

3月初，伍德福德终于经受不住哈格里夫斯和其他忧心忡忡的客户的压力，表示将在一段时间内撤出所有未上市公司的股票收益基金持股。几天后，他接受了英国《金融时报》的采访。15日，该报头版刊登了一篇报道，主要围绕对伍德福德的评论，即他将在"两年半后破产"，以及他对批评者的攻击，他说，批评者正在引导投资者做出"令人震惊的错误决定"，退出他的基金。他的爆发——在通常保守的投资管理界很少见——被其他国家媒体所报道。但在英国《金融时报》的专题文章中，伍德福德坚定地表示，他的投资组合面临的是短期压力，在令人头疼的英国脱欧问题解决后，这种压力将得到缓解。他认为，到那时，海外投资将大量涌入英国，尤其是他所持有股份的公司，这将为他的基金提供巨大的推动力。马克·丹皮尔再次为自己的立场而战——尽管他在职业生涯的大部分时间里可能都做得不够有力。"你必须摆脱英国脱欧的影响。"他告诉《金融时报》，"我们将看到市场发生变化，但问题是他是否还会留任。"

伍德福德受到的压力越来越大。自从他说服最大的两家未上市公司重新发行股票并宣布打算上市以来，已经过去了快一年。这一合法（尽管存在争议）的策略使股票收益基金的持股量略低于监管部门对未上市公司持股的监管上限。但随着最后期限的临近，质子合作伙伴（Proton Partners）和仁爱人工智能都没能上市。这两家公司占到股票收益基金的5%以上，因此，如果它们未能在约定日期前上市，就会使投资组合远远超出上限。在同意上市一年后的最后一刻，质子合作伙伴终于宣布将在鲜为人知的、面向中小企业的NEX证券交易所上市。该交易所是如此低调，以至于几个月前在高等法院为斯托巴特 – 廷克勒（Stobart Tinkler）案作证时，伍德福德声称："我甚至不知道NEX是什么。"伍德福德的基金持有质子合作伙伴 45% 的股份。在同意上市并感受到伍德福德的绝望后，质子合作伙伴的经理要求伍德福德在他们选择的时间再向该公司投资 8 000万英镑。这对伍德福德来说是一笔昂贵的支出，却让他得以延续一天。

然后是仁爱人工智能——伍德福德持股最多的未上市公司，仅在几个月前，当基金经理参与了一轮 1.15 亿美元的融资时，其价值还出现了大幅飙升。它占股票收益基金的 4% 以上。与质子合作伙伴一样，仁爱人工智能的经理们对上市没有表现出多少热情。随着 3 月 22 日的最后期限越来越近，即使是最初级的市场也没有上市计划。在伍德福德说服了仁爱人工智能承诺上市后，该公司聘请了一位新的首席执行官乔安娜·希尔兹（Joanna Shields），她曾是政府顾问，还担任过脸书（Facebook）欧洲业务负责人。她坚决反对上市。伍德福德需要再想出一招。这一次，他选择了一个更具争议性的方案——他在之前的三次场合中已经使用过这个方案，并发挥了巨大的作用。伍德福德还记得一年前他在根西岛证券交易所轻松上市所持有的莎宾娜公司股票时的情景，伍德福德在另外两家公司——科技企业 Ombu 集团和基于主流物理学边缘理论的美国工业热力公司——重复用了这个伎俩。在过去的一年里，他在这些企业的股份，而不是企业本身，已经在根西岛证券交易所上市——这一举动得到了授权公司董事林克的批准。莎宾娜、Ombu 和工业热力公司是相对较小的公司，这些举动伍德福德投资管理公司都没有对外公布——这再次违背了该公司大肆宣传的完全透明承诺。但是，仁爱人工智能则是另一种类型。它是英国为数不多的所谓"独角兽"之一——估值超过 10 亿美元的私营初创公司。它也占了伍德福德基金的很大一部分。伍德福德在每一次上市时都让同一家海峡群岛管理公司作担保人，这是一家名为 Belasko 的鲜为人知的公司，在巴斯克语（Basque）中是"小乌鸦"的意思。Belasko 的股东包括地产大亨安东·比尔顿和他的商业伙伴格林·赫希（Glyn Hirsch），他们分别是莎宾娜的董事长和非执行董事。两人还经营着伍德福德的另一家控股公司 Raven Property Group，该公司投资了俄罗斯的仓库。

这又是一笔最后时刻的交易，3 月 21 日，伍德福德将在仁爱人工智能的股份转让给了根西岛证券交易所。虽然林克再次积极参与谈判，并每月与金融行为监管局就伍德福德的流动性管理进行讨论，但它并没有将这次交易通知监管机构。金融行为监管局首席执行官安德鲁·贝利后来承认，林克没有被要求将这笔交易告知金融行为监管局，但这是规则中的一个缺陷。林克的行为真的符合投资者的最大利益吗？

在根西岛上市的四家公司的股份价值为 4.25 亿英镑，占股票收益基金的 9%。如果它们没有上市，该基金的未上市部分将突破 10%的限制，达到 16%——这将导致监管机构大发雷霆。尽管这四家公司被列为上市公司，但它们的流动性并不比上市前高，因为这只是伍德福德在交易所上市公司中的股份。这些股票没有进行交易。贝利后来形容这种金融行为虽是基金规则手册所允许的，但"违背了它的精神"，是一种欺诈。

伍德福德的未上市公司股份不仅受到监管限制，还有来自其最大客户——尤其是哈格里夫斯·兰斯多恩的压力，原因是他持有此类资产的风险敞口过大。伍德福德承诺将旗下的大部分未上市公司从股票收益基金中剔除，并提议与耐心资本信托基金进行更多的内部转换。但他想把自己认为最有前途的私人企业——牛津纳米孔公司和免疫核心控股公司（Immunocore，IMCR）——留在投资组合中，他相信它们即将上市。一旦上市，它们的价值就会爆炸式增长。

在仁爱人工智能上市一周后，《城市连线》发表了记者丹尼尔·格罗特（Daniel Grote）的报告，披露了根西岛上市情况，伍德福德的危险困境也随之暴露出来。这是伍德福德的投资者第一次充分认识到他为了控制自己的资金而使用的财务欺诈手段。直到此时金融行为监管局才知道根西岛的交易，尽管金融行为监管局每月都会与林克和北方信托就伍德福德的流动性状况进行沟通。震惊之余，监管机构质询林克的风险管理策略，询问它正在进行哪些压力测试，以及制定了哪些计划来减少股票收益基金对未上市公司的风险敞口。

至此，该基金的流动性状况开始迅速恶化。监管机构原本希望林克能控制局面，并向伍德福德施加压力，要求其降低投资组合的交易难度。然而，该基金现在只有 8% 的股票可以在七天内出售而无须接受最低价格。相比之下，2018 年 6 月的比例为 21%。对于该基金中流动性最差的部分——即需要 6 个月至 1 年或更长时间才能在不大幅降下调价格的情况下转换头寸的部分——其权重已从 25% 升至 33%。情况正急剧恶化。金融行为监管局开始感到焦虑，要求林克每天向其提供伍德福德基金的最新情况。林克向监管机构表示，如果最难出售的部分升至 35% 以上，或者流动性最强的部分跌至 5% 以下，它将采取行动。

根西岛的伎俩给了伍德福德一些喘息的时间，但他的计划将再次落空。2019 年 4 月 11 日周四下午 6 点，根西岛证券交易所宣布暂停伍德福德拥有的三家公司的上市进程：Ombu、工业热力公司和仁爱人工智能。交易所对这些公司的估值感到担忧，尤其是自伍德福德五年前成立公司以来，这些公司的估值一直在大幅增长。根西岛当局担心这些公司的上市违反了金融行为监管局的规定。

与此同时，投资者继续要求退钱。伍德福德所能做的就是继续出售他的上市公司。现在已经是连续 22 个月的客户赎回。为了筹集现金，他将上市房地产企业 NewRiver Reit 的 4 200 万英镑股份卖给了马克·巴内特，并将网络贷款机构 P2P Global 的 8 600 万英镑股份卖给了财富管理公司奎尔特（Quilter）。他还出售了帝国烟草公司 1.59 亿英镑的股份，该香烟制造商一直是他的主要持股之一。随着上市股票被抛售，未上市股票持有量在股票收益基金中所占比例越来越大。棘手的平衡行动仍在继续。于是伍德福德又故技重演。这一次，他说服了 DNA 测序公司牛津纳米孔和规模小得多的融资平台加速数字风险投资公司（Accelerated Digital Ventures）重新发行股票，并承诺在 12 个月内上市。这意味着它们也可以转换到基金的上市部分。

2019 年春天，伍德福德的投资帝国濒临瓦解，这一点越来越明显。他的基金表现糟糕，与数十只同类产品相比，排名垫底。尽管前 18 个月表现强劲，但股票收益基金在 1 年、3 年和 5 年的表现都严重落后于富时综合股价指数。该基金在 2014 年 6 月推出时进行的一项投资仅上涨了 10%，而该指数的涨幅为 30%。使那些从 2015 年开始投资的客户遭受了严重的损失。然而，伍德福德和纽曼还有最后一个发薪日。在截至 3 月的一年中，他们又从这家公司赚了 1 380 万英镑，伍德福德获得了 900 万英镑，纽曼得到了 480 万英镑。他们一心想要榨干最后一滴水。

伍德福德的最终活动轨迹并没有被他最依赖的客户忽视——当这位选股人为平衡基金而采取绝望措施的消息被披露时，许多客户都感到了不安。3 月初，伍德福德和纽曼被召集到中东，与世界上最大的主权财富基金之一——阿布扎比投资局的经理们会面。五年前，阿布扎比投资局是伍德福德新公司的支持者，承诺投资 2 亿英镑。伍德福德在一个名为"西部基金"的工具中管理运作这笔资金。阿布扎比投资局无法投资于未上市公司，因此该基金的结构与圣詹姆斯广场的委托类似，后者反映了股票收益基金的情况，但将未上市公司和小型公司剥离了出来。阿布扎比投资局的经理们想知道伍德福德会对该基金糟糕的业绩采取什么措施，于是给了他最后一次扭转局面的机会。在为期三天的行程中，伍德福德和纽曼会见了其他中东投资者，他们希望说服这些投资者购买伍德福德一直支持的那些年轻的英国科技公司的股票。然而，不到一个月，阿布扎比投资局的经理们就对伍德福德失去了耐心，撤销了委托。

就在 3 400 英里外的梅德斯通，肯特郡议会官员也得出了类似的结论。在 3 月份的养老基金委员会会议上，受托人向委员会金融服务负责人、伍德福德最狂热的追随者之一尼克·维克斯询问了关于这位基金经理的问题。他们阅读了所有关于股票收益基金和耐心资本之间有争议的资产转移的报道材料，而这一转移是在未经他们同意的情况下发生的。他们也看到了该基金在过去两年的不佳表现，令人担忧，最近也了解到伍德福德在将其投资组合控制在监管范围内而遇到了麻烦。他们指示维克斯要求该基金经理就资产互换一事做出解释，并表示他们将考虑在 6 月份撤销该委托。伍德福德正式得到了关注——尽管双方都知道这段关系即将结束。

伍德福德的另一个重要的客户圣詹姆斯广场也对这位基金经理进行了非常严格的控制。由于伍德福德投资管理公司的授权不包括未上市的持股，并且与主要基金分开运营，因此伍德福德投资管理公司的大量资金外流并没有引起这家财富管理公司的担心。但投资于伍德福德管理的基金的圣詹姆斯广场客户仍在遭受巨大损失，并为此支付高额费用。2019 年初，圣詹姆斯广场委托斯坦福咨询公司（Stamford Associates）对伍德福德在过去一年的投资失误进行了研究。该文章的结论是，虽然伍德福德有很多错误的判断，但与其之前表现不佳的时候相比，并没有那么离谱。然而，让他处境更糟糕的是，他追求价值而不是顺应市场势头的投资风格不再受欢迎。

圣詹姆斯广场的投资委员会传唤伍德福德，对他的决策和股票选择进行调查。伍德福德顺利地通过了询问，他对自己投资的公司给出了详细的解释，并就这些公司最终会成功的原因提供了有力的论据。但整个 4 月和 5 月，圣詹姆斯广场的投资分析师都会定期与伍德福德、他的销售代表威尔·迪尔和纽曼进行讨论。圣詹姆斯广场的团队担心伍德福德花费太多时间管理其他基金中未上市公司股份，而忽视了自己的委托授权。

就连伍德福德在哈格里夫斯·兰斯多恩最忠实的啦啦队长也放弃了他。2019 年 5 月，哈格里夫斯首席投资官李·加德豪斯（Lee Gardhouse）出售了他在哈格里夫斯多管理人基金的股票收益基金中所持股份的五分之一。在接下来的 6 个月里，这笔交易没有向该基金的投资者披露。哈格里夫斯的多管理人基金已经成为伍德福德重要的业务来源，为股票收益基金提供了超过 5 亿英镑的资产。加德豪斯还参与挑选了进入哈格里夫斯最佳购买清单的基金，该清单后来被重新命名为"财富 50 强"。加德豪斯的双重角色让竞争对手们感到不安，他们声称这是利益冲突。他们表示，加德豪斯把客户的资金从他的多管理人基金中转入股票收益基金，这一事实让他无法停止在最佳购买清单中推荐这只基金。总共有 291 520 名哈格里夫斯的客户投资了股票收益基金，将 16 亿英镑的资产委托给了伍德福德。他们中的大多数人都被马克·丹皮尔和加德豪斯这样的人说服了。虽然没有公开承认，但两人都对伍德福德在选择私人公司方面的判断力以及他管理资金以摆脱自己造成的流动性陷阱的能力有严重担忧。他们知道伍德福德的生意迟早会崩溃，或者哈格里夫斯不得不抛弃他，这只是时间问题。这两种情况都有可能对哈格里夫斯及他与110万客户建立的关系造成毁灭性打击。人们可能会问，既然其顶级投资研究人员对这位选股人一直心存严重的疑虑，为什么哈格里夫斯继续把储户的钱投入伍德福德的基金并推荐它们。

然而，从表面上看，丹皮尔还是一如既往地阿谀奉承。5月初，这位基金管理巨头给哈格里夫斯的客户们发了一封安抚信，解释了他为什么仍然支持伍德福德的基金。"这不是尼尔·伍德福德职业生涯中第一次表现不佳。"他安慰道。"我们以前在困难时期一直支持他，过去投资者的这种耐心也得到了回报。对伍德福德的长期业绩记录的分析，使我们有信心将股票收益基金保留在财富50强中，我们认为他仍然有能力提供出色的长期业绩。"但就在几天后的5月15日，加德豪斯就将哈格里夫斯54.6万英镑的股票套现了。第二天，丹皮尔出售了价值60万英镑的公司股票，而他的妻子又卖出了500万英镑的股票。当这些股票出售的细节后来被曝光时，鉴于丹皮尔和加德豪斯对伍德福德基金糟糕状况的了解，以及他们关闭基金后哈格里夫斯将受到的反击，他们的行为将被指控为接近内幕交易的行为。那些极力说服哈格里夫斯的客户把他们的退休金交给伍德福德的人，正在确保他们的个人财富不受伍德福德基金崩溃命运的影响。

根西岛证券交易所暂停伍德福德的三家投资组合公司的上市交易，理由是担心这些行为违反了英国的基金规则，该交易所试图从英国监管机构那里得到一些澄清。最初几次接触都以失败告终，因为电话和电子邮件都被转到了错误的部门，信息在监管机器中丢失了。最终，双方通过电子邮件交换了信息，暴露出金融行为监管局缺乏紧迫性之后，双方在 5 月 8 日召开了电话会议。此时，根西岛证券交易所已经开始解除对伍德福德股票的停牌，尽管它没有透露为什么会改变主意。在 20 分钟的谈话中，根西岛的高管们向金融行为监管局的同行们表达了他们对上市公司估值的担忧。两周后，根西岛的高管们又给金融行为监管局发送了一封电子邮件，表达了他们在更多细节上的担忧。在接下来的几周里，双方的电子邮件往来主要围绕着如何建立一个正式的信息共享协议，而不是为了解决伍德福德基金解体这一更为紧迫的问题。

与此同时，伍德福德正在想方设法，让自己的注意力从不断崩溃的业务上转移开来。在 4 月和 5 月，他利用周末到全国各地参加了一系列业余马术比赛。5 月 19 日，他带着威洛斯·斯邦基去了汉普郡（Hampshire）的三项赛一日赛马场，这里是 1948 年奥运会盛装舞和马术比赛的场地。伍德福德在盛装舞步比赛中表现出色，在越野赛中得分很低，他只在障碍赛中得到了 4 个罚分。在同组的 13 名选手中，伍德福德在当天的比赛排名中倒数第二。这将是他这一年参加的最后一次比赛。经过一天艰苦的比赛后，伍德福德精神抖擞地从威洛斯·斯邦基身上下来，掸了掸身上的灰尘。此时的他根本没有想到，不出两周，他的生意和声誉都将岌岌可危。

第二天，伍德福德遭受了最终导致他下台的第一次打击。颇具影响力的基金评级机构晨星公司将股票收益基金的评级从铜牌下调至中性（倒数第二的排名），这让该基金经理很受打击。这家研究公司的评级受到散户和机构投资者的密切关注，一旦基金评级低于特定门槛，许多人就无法或不愿投资。一年前，晨星公司下调了该基金的银牌评级，这是该基金的第二高评级。它现在只比负面评级高，负面评级是耻辱的终极徽章。

晨星公司分析师彼得·布伦特（Peter Brunt）表示，之所以下调评级，是因为股票收益基金目前是市场上流动性最差的基金之一：

> 持续的赎回、表现不佳和具体的股票问题，加上基金经理不断将投资组合推至流动性极限，导致了投资组合配置非常极端……逆向投资伴随着一定的风险，而且时不时会出现问题。然而，一些股票特定问题的性质及其各自的仓位规模，再加上极端的投资组合定位，让我们有理由感到担忧。

但这家评级机构没有透露的是，它已经开始从伍德福德那里撤离。三个月前，也就是2月的最后一周，晨星公司从旗下的多管理人投资组合股票收益基金中撤出了3 000万英镑资金。

评级下调引发了进一步的撤资潮，投资者收到了有关股票收益基金危险状态的严厉警告——但哈格里夫斯仍将该基金列入最佳购买清单。随着投资者的撤离，伍德福德被迫出售了更多他所珍视的股份。尽管伍德福德长期致力于大学衍生企业，但他出售了他在牛津科学创新公司（Oxford Sciences Innovation）的全部5 500万英镑股份。牛津科学创新公司是英国的主要集团之一，也是他可以迅速转移的为数不多的私人持股之一。

不到一周时间，在5月30日，英国《金融时报》发表了一篇措辞严厉的头版报道，披露了由于撤资和业绩不佳，股票收益基金在不到四周的时间内缩水了5.6亿英镑，监管机构对这种惊人的缩水深感担忧。该基金仅持有 37 亿英镑，比两年前 102 亿英镑的峰值下降了三分之二。整个 5 月，投资者平均每天撤资 1 000 万英镑，这是该基金连续第 23 个月遭遇资金外流。超过一半以上的赎回是在晨星公司的评级下调之后发生的。投资业绩也受到影响，仅在 5 月份，该基金就亏损了 8.3%。整个英国投资行业的规模为 9 万亿英镑，投资行业高管们开始担心，这个国家最知名的选股人的最终衰落会带来更广泛的影响。

第二天，当肯特养老基金委员会做出与伍德福德断绝关系的重大决定时，类似的讨论也在圣詹姆斯广场发生。圣詹姆斯广场投资委员会主席戴维·兰姆终于对伍德福德失去了耐心。他认为，这位基金经理已经对自己的公司无能为力，正忙于处理自己未上市公司的股票。英国《金融时报》的报道残酷地揭露了伍德福德陷入的困境。在 6 月 1 日至 2 日的整个周末，当伍德福德的投资团队在计划如何应对失去肯特养老基金的委托时，圣詹姆斯广场投资委员会得出的结论是，他们也将不得不解雇管理其客户 35 亿英镑资产的选股人。在伍德福德经营新公司的五年时间里，圣詹姆斯广场的客户损失了数亿英镑。他们知道解雇他的决定会毁了他的生意。

截至 6 月 3 日（周一）上午，圣詹姆斯广场执行董事会仍需批准解雇伍德福德的决定，而这家富时上市的财富管理公司还需要通知监管机构及其股东。与此同时，肯特养老基金的代理财务经理正在申请收回养老金计划在该基金的 2.63 亿英镑投资。根据股票收益基金的规定（如其招股说明书中详述的），如果持有该基金大量股份的投资者希望撤资，作为授权公司董事的林克必须考虑提供所谓的实物转让。这将使离开的客户得到相当于其投资规模的一篮子基金资产的回报，而不是用现金。实际上，这就像是收到了整个基金的一个迷你版本。股票收益基金的招股说明书规定，如果撤资"相对于基金的总规模而言是巨大的，或以某种方式损害了基金"，林克应权衡这一方案，但授权公司董事在是否提供这一选项方面拥有自由裁量权。由于肯特希望收回的金额相当于该基金的 7%，而该基金目前已经耗尽了现金储备，因此当然应该讨论实物转让。但林克的授权公司董事业务主管、主要负责为股票收益基金提供服务的卡尔·米德尔（Karl Midl）没有与肯特养老基金讨论这些选择，而是决定立即暂停该基金的交易。

对于伍德福德来说，当天的开局就很糟糕。他目睹了自己最喜欢的企业之一——建筑集团基尔（Kier）发布利润预警后，股价暴跌 40%。但是，当米德尔打来电话说股票收益基金将被暂停时，这位基金经理还是惊呆了。整个周末，他都在试图拯救自己濒临破产的公司，但这一切都是徒劳。

基金暂停在投资界极为罕见。投资者能够在需要的时候随时提取他们的资金，这一基本理念已经确立。对于投资者来说，无法取出他们的资金意味着两种情况之一：要么该基金受到了意外的地缘政治事件的干扰，就像全球金融危机和英国脱欧之后所看到的那样；要么基金管理公司和基金经理行事草率。伍德福德当然属于后者。他没能管理好自己的基金，也没能在投资者想要回自己的钱时做好准备。他的固执和拒绝改变，导致 40 万英国投资者遭受巨大损失，他们的毕生积蓄在两年的时间里被锁定。这是十多年来欧洲最大的投资丑闻。伍德福德——乃至整个投资行业——如何能够幸免于难？

# 11

建立在谎言之上

温文尔雅的英格兰银行行长马克·卡尼（Mark Carney）正坐在闷热的下议院会议室里。他被召唤到财政部特别委员会（Treasury Select Committee）接受质询，这是汇报英国央行通胀前景的例行工作的一部分。但没过多久，他就被问及今夏最大的商业新闻——尼尔·伍德福德濒临崩溃的投资公司的困境及其对数百万英国储户的影响。在这一点上，这位平时镇定自若的加拿大人突然脱稿了。"这是一件大事，你可以看到一些系统性的问题。"他在回答关于有零售客户的基金经理是否应该投资难以销售的未上市公司的问题时说。"这些基金建立在一个谎言之上，那就是你可以为基本没有流动性的资产提供每日流动性。这就误导了人们，让他们以为这和把钱存放在银行里没有什么区别。"

他的言论在财经媒体上引起了轩然大波。全球经济领域最具影响力的人物之一开始呼吁人们关注投资行业的一个重大缺陷，一个将数百万英国工人的毕生储蓄置于危险之中的缺陷。如果储户没有完全理解他们选择的基金是如何运作的，他们怎么可能做出正确的决定？这种误解是储蓄者自己的错还是整个行业的错？这位行长似乎在暗示，伍德福德丑闻所暴露的问题远不止他是一个流氓基金经理这么简单。事实上，对专业投资者的信任是建立在一个错误的前提下的。

自从林克在 6 月 3 日下午通知伍德福德的投资者，伍德福德的旗舰基金被暂停运营以来，这则消息就一直占据着商业媒体的版面。伍德福德的名字在英国《金融时报》接下来的五版中有四版出现在了头版，而在更广泛的媒体中，有数千个专栏版面专门报道了这位选股明星基金经理的陨落。政界人士和商界领袖纷纷就这一热门话题发表看法。一位认识伍德福德 20 年的业内资深人士告诉英国《金融时报》，当伍德福德被宣布停职时，这是"声誉的消失殆尽和投资者信心的崩溃时刻"。

在林克宣布暂停股票收益基金的几分钟内，损失就开始蔓延到伍德福德的其他基金上。两年来，哈格里夫斯·兰斯多恩一直对伍德福德的选股持保留态度，尽管仍在推广伍德福德的基金，但哈格里夫斯·兰斯多恩是第一个采取行动的机构。这家在线经纪公司宣布，它将把股票收益基金和规模较小的收入聚焦基金从其备受青睐的财富 50 最佳购买清单上删除。撤销封闭式股票收益基金是一个显而易见的决定，因为客户不能再投资于该基金——但收入聚焦基金仍然在运营。负责监督管理这份名单的马克·丹皮尔终于放弃了他的偶像。

当晚，英国最大的几家基金管理公司的首席执行官们举行了会谈，这是英国投资协会游说团体事先安排的聚会的一部分。他们讨论的唯一话题是股票收益基金的暂停及它对行业的深刻影响。这是一个阴暗的夜晚。尽管多年来一直是伍德福德的竞争对手，但行业老板们却没有什么幸灾乐祸的感觉。他们深知后果的严重性，都将受到冲击。

当市场第二天重新开盘时，伍德福德的负向点石成金之术开始产生影响。哈格里夫斯·兰斯多恩的股价立即下跌 6%，这家基金超市跌至富时 100 指数的底部，哈格里夫斯与基金经理的关系如此密切令股东们极为担心。伍德福德旗下上市的耐心资本信托下跌 12%。6 月 4 日，在哈格里夫斯平台上浏览量最大的前五只股票中，有两只是耐心资本和哈格里夫斯本身。该基金分销商自己的客户甚至在出售其股票。与此同时，伍德福德作为主要股东的几家企业也遭受重创，因为投资者担心他会被迫低价出售以偿还抛弃他的投资者。Allied Minds 和切尔卡西亚（Circassia）的股价分别下跌了 10% 以上，伯福德资本（Burford Capital）、伊芙睡眠、NewRiver Reit、基尔集团（Kier Group）和 Redde 公司的股价均出现下跌。

当投资组合崩溃时，伍德福德坐在自己公司荒凉的办公室里，周围环绕着现代家具和现代壁画艺术。伍德福德穿着他标志性的黑色运动衫，直直地盯着镜头，低声下气地向他的投资者道歉。他在当天晚上在公司网站上发布了一段视频，说："我非常抱歉我们不得不做出这个决定。……我们理解投资者的沮丧情绪。作为回应，我只能说这个决定是出于你们的利益，我们的投资者。在适当的时候，我们将重新开放这只基金，这样你们就可以像往常一样正常买卖了。"

第二天，也就是 6 月 5 日，轮到伍德福德的另一位长期赞助人跳槽了。在向股东和监管机构通报情况之后，圣詹姆斯广场终于告诉这位基金经理他的时间到了。按照惯例，这家财富管理公司的首席投资官克里斯·拉尔夫会亲自把坏消息告诉被解雇的基金经理。但当时他与家人正在西班牙度假，因此责任落到了投资委员会主席戴维·兰姆身上。兰姆匆匆给伍德福德打了个电话，这对基金经理来说是个沉重的打击，伍德福德很难接受。结束通话后，辞职的念头笼罩了他。

圣詹姆斯广场一举夺走了伍德福德40%的业务。圣詹姆斯广场在五年前商定的优惠条款意味着这家财富管理公司可以立即取消伍德福德35亿英镑的委托，而无须经过漫长的通知期。圣詹姆斯广场投资委员会已经安排了两位相互竞争的投资组合经理来接手这只庞大的基金，并立即接管它。圣詹姆斯广场与伍德福德共事超过18年——包括他在景顺基金的时光——在他最好的岁月里获得了丰厚的回报。因此，这家财富管理公司敷衍地发表了一份只有四段文字、宣告双方关系结束的声明，显得有些冷酷无情。圣詹姆斯广场的35亿英镑与封闭式股票收益基金分开存放，并没有投资于麻烦的小型公司和未上市公司。评论人士猜测，由于该财富管理公司没有立即受到伍德福德最紧迫的问题的影响，在那个时候决定解雇他，更多的是为了挽回面子，避免被连累，而不是为了保护其客户的投资。那些在牛津商业园辛勤工作的人当然感到被出卖了。

周四，伍德福德的最后一个大客户离开了。财务顾问集团Openwork解雇了伍德福德作为其3.3亿英镑奥尼斯（Omnis）基金的经理职务，而投资者从他的收入聚焦基金中撤出了超过3 000万英镑。与此同时，股东们抛售了他上市的耐心资本投资信托的股份，导致其资产净值的折价率扩大到25%。

尽管不能动用他们的储蓄，但股票收益基金投资者每天仍要被收取6.5万英镑的费用。消费者权益倡导者开始要求伍德福德放弃这些收费。但他拒绝了，辩称维持基金运行仍会产生费用。尤其是交易成本上升，因为伍德福德出售了他能变卖的东西来筹集急需的现金。他设法转移了他在几个最大的上市投资中的股份，包括基尔集团、普罗维登特金融公司和紫砖公司——与几个月前的股价相比，这些投资都有大幅折价。此外，一些服务提供商也需要支付费用，包括林克、北方信托和审计机构均富会计师事务所（Grant Thornton）。但这并没有阻止人们的强烈抗议。哈格里夫斯·兰斯多恩也因为从被套牢的客户那里赚到的钱而受到类似的指责，因此宣布将免除平台费用。这家基金超市多年来一直强烈维护伍德福德，并呼吁选股人效仿他。

更多的坏消息接踵而至，财政部特别委员会宣布将对伍德福德基金的暂停进行审查。领导该委员会的备受尊敬的前公司律师、保守党议员尼基·摩根（Nicky Morgan）在这场骚动中也发出了自己的声音。"暂停交易为伍德福德先生提供了一些喘息的时间来修复他的基金；他应该给予他的投资者同样的待遇，并在基金暂停期间免除基金的费用，"她命令道。

随着紧张局势加剧，指责游戏开始了。政界人士开始质疑，为何英国监管机构金融行为监管局允许伍德福德放宽基金规则，并在根西岛上市未上市公司股票。监管机构称，它之前并不知道将股票在海外上市的决定。但在一场不同寻常的公开争吵中，根西岛证券交易所发表了一份声明，驳斥了金融行为监管局的说法。根西岛证券交易所母公司的首席执行官费奥纳·勒普瓦德万（Fiona Le Poidevin）称："需要注意的是，国际证券交易所管理局在 2019 年 4 月多次尝试联系金融行为监管局，但最初没有得到回应，最终在 2019 年 5 月 8 日与他们通了电话。""国际证券交易所管理局本着监管合作的精神积极与金融行为监管局进行接触，但随后并没有收到有关金融行为监管局的声明或其内容的事先警告。"这生动地揭示了两个与之密切相关的监管机构之间关系的脱节。

到了周五，人们的注意力转向了伍德福德长期以来的支持者丹皮尔。自股票收益基金暂停以来，哈格里夫斯的股价已经下跌了14%，而自从丹皮尔和他的妻子几周前抛售了560万英镑的股票后，哈格里夫斯的股价下跌了20%以上。报纸报道了他奢侈的生活方式、他的两座数百万英镑的豪宅、他的25英尺长游艇以及滑雪和钓鱼度假的奢侈爱好。丹皮尔是英国最著名的财务顾问，他向哈格里夫斯的110万名投资者推荐伍德福德基金，从而成就了自己的事业、积累了大量个人财富。尽管两年多来，他对这位基金经理的能力失去了信心，但直到基金暂停之前，他仍然衷心地为伍德福德提供个人支持。前自由民主党领袖兼商务大臣文斯·凯布尔（Vince Cable）向《每日邮报》表达了他对此次股票出售的担忧。"这种行为听起来像是合法，也近似内幕交易。在之前的丑闻之后，财务顾问一直在努力重建自己的声誉，而这一事件反映出整个行业的糟糕状况。"

周末报纸上刊登了大量专题报道和评论，分析伍德福德失败的原因，以及谁应该为这场迅速演变成巨大丑闻的事件负责。个人理财版对哈格里夫斯·兰斯多恩的失败进行了详细的报道。愤怒的投资者想知道他们还要被困在奄奄一息的基金里多久，以及他们还要付出多少代价。他们将怒火转向了说服他们选择伍德福德的中介机构。很明显，尼基·摩根的财政部特别委员会也盯上了这个英国最大的基金超市。作为回应，哈格里夫斯首席执行官克里斯·希尔（Chris Hill）发表声明说，他希望"向所有因最近的股票收益基金问题而受到影响的客户亲自道歉"。他说，哈格里夫斯将对年初有争议的决定进行审查，已将该基金保留在最佳购买清单上。

局势逐渐失去控制。伍德福德觉得他需要更多的建议来应对铺天盖地的负面新闻。通过一个共同的熟人，他安排了与罗兰德·拉德（Roland Rudd）的会面。罗兰德·拉德是一位身价千万的公关专家，曾经营公关咨询公司芬斯伯里（Finsbury）。前英国《金融时报》记者、保守党议员安伯·拉德（Amber Rudd）的弟弟拉德现身牛津商业园，与伍德福德坐下来进行了90分钟的会谈。拉德的一些朋友也陷入了基金的困境，并认为丑闻已经变得有害，对这次会面持怀疑态度，但拉德和伍德福德一拍即合。然而，纽曼闯入了房间。他对会议在没有他的情况下进行感到愤怒，一直坐在角落里沉思。最后，纽曼站了起来，询问拉德想用什么来交换他的服务。拉德告诉他，他收取的费用各不相同，但在最近的一个案例中，他收取了40万英镑。拉德坚称，如果他们要合作的话，这笔费用不能从被困的基金中扣除——这笔费用必须由公司支付，并且最终会侵蚀伍德福德和纽曼希望获得的剩余利润。就这样，谈话结束了，纽曼不想再听下去了。

与此同时，伍德福德正疯狂地试图出售他的股票，以筹集资金偿还肯特郡议会的养老基金，以及所有其他不可避免地会要求退还资金的投资者。当一周前股票收益基金暂停时，它的规模是37亿英镑。林克表示，将在关闭该基金28天后评估其重新开放的可能性。伍德福德仍然抱着希望：如果他筹到足够的现金来偿还给肯特养老基金和一大批其他投资者，该基金就可以在几个月内重新开放，并以大约一半的规模继续运营下去。凭借收入聚焦基金和耐心资本，他的公司仍将管理30多亿英镑的资产，这将为他和纽曼提供足够丰厚的红利，以维持他们的豪宅和跑车车队。但为了做到这一点，他需要在不让价格受到太大冲击的情况下出售投资组合中的所有资产。问题是，他现在是英国最知名的陷入困境的卖家。对冲基金经理们开始像秃鹰一样围着他转，做空他们预计伍德福德将要出售以快速获利的公司，这导致伍德福德投资管理公司从其网站上删除了这些基金的全部持股清单。五年前，作为纽曼"极端透明"运动的一部分，该公司刚成立时曾大张旗鼓地推介过这些基金的持股清单。

6月11日，星期二，尼基·摩根向克里斯·希尔发出了挑战。在写给哈格里夫斯老板的信中，她要求知道多年来经纪人从与伍德福德的关系中赚了多少钱，以及双方达成了多少折扣协议。她还想知道哈格里夫斯内部的决策者是从什么时候开始怀疑伍德福德管理基金的方式的。摩根的特别委员会还表示，将仔细审查金融行为监管局在这场灾难中扮演的角色，安德鲁·贝利将出现在国会议员面前。这位金融行为监管局的首席执行官面临着如何控制事态发展的压力，因此他宣布，监管机构将"重新审视"哈格里夫斯这样的基金超市，以确保它们在决定将哪些基金列入最佳购买清单时保持公正。

虽然焦点主要集中在股票收益基金上，但伍德福德剩下的两个投资工具也开始摇摇欲坠。为了确保耐心资本董事会的忠诚，伍德福德聘请了与他投资的公司关系密切的长期盟友。但在伍德福德成为英国商界最臭名昭著的人物之一后，就连长期盟友的忠诚也渐渐消失了。该董事会聘请温特弗拉德证券公司（Winterflood Securities）担任经纪人，每月费用超过 10 万英镑——从该基金中支付。在苏珊·塞尔（Susan Searle）的领导下，董事会与温特弗拉德证券公司就终止伍德福德的合同进行了讨论，并考虑让其他基金经理接替他的位置。由于股票收益基金的命运还不确定，耐心资本也岌岌可危，伍德福德的前方只剩下他的初级收入聚焦基金。但是，它也在不断萎缩。在股票收益基金暂停两周后，收入聚焦基金缩水了三分之一，仅剩下 3.33 亿英镑。不到两年前，伍德福德的资产帝国规模还高达

180 亿英镑——现在看来，它将只剩下其中的一小部分了。

在肯特养老基金委员会做出解雇伍德福德重大决定的三周后，一群议员、地方政府官员和退休人员再次聚集在一起。那是一段超现实的时光。几个星期前，他们在同一间潮湿的房间里做出的一致选择成了英国媒体的头版头条，这个原本冷清的地方当局的财务问题再一次成了国家利益的焦点。对于大多数委员会的成员来说，他们唯一处于突发新闻事件中心的经历是当委员会决定图书馆开放时间时，《肯特信使报》（Kent Messenger）的读者感到不安。但是尼克·维克斯对负面宣传再熟悉不过了。十年前，他曾领导该委员会向冰岛法院提起诉讼，要求收回其在该国银行的存款。

当天会议的议程是伍德福德和他的客户关系经理罗斯·拉克拉夫特（Ross Lamacraft）的最新情况。两人一直计划参加会议——伍德福德在管理肯特的资金时，每六个月左右就会参加一次。伍德福德早就有预感，在这一天他会被告知不再需要他的投资服务。他没有想到自己会提前三周被解雇。伍德福德上一次造访梅德斯通的这座曾作为法院的建筑是在 2018 年 11 月，当时他为自己的投资过程进行了自信的辩护。这一次，这位基金经理远没有那么神采奕奕。现在，他不再吹嘘自己的选股能力，而是解释将采取哪些措施出售自己的投资组合，把肯特郡退休人员的积蓄还给他们。

股票收益基金的反常暂停让伍德福德松了一口气。两年来，他终于不再受到投资者持续撤资的困扰。他现在可以专注于管理投资组合，而不是把时间花在筹集现金偿还离开的客户。他的首要任务是处理股票收益基金中大量未上市公司的问题。他曾承诺将这些资产从该基金中剥离出去，并且他知道，想要让基金恢复元气，他需要确保这些资产处于自己的控制之下。耐心资本董事会命令林克重估该信托基金的未上市资产价值。2019 年夏天，林克减记了伍德福德为数不多的未上市股份的价值，以及他最青睐的企业之一——免疫核心控股公司的价值。此次调降令这家生物科技集团的市值流失过半。这次重估进一步影响了伍德福德投资初创公司的记录，并给他的基金投资者造成了额外的损失。

伍德福德意识到自己需要加快剥离未上市公司的速度，他已经开始与精品投资银行 PJT Park Hill 谈判，打算一次性出售这些公司。其母公司 PJT 合作伙伴（PJT Partners）由保罗·陶布曼（Paul Taubman）经营，他是华尔街的精明商人，曾是美国收入第二高的首席执行官。该企业专门向对冲基金和私募基金经理出售私人持有的资产。事实上，在股票收益基金暂停之前，伍德福德就已经在与 PJT 合作伙伴谈判，他相信自己可以利用在伦敦的人脉关系，在 2019 年夏天售出最大的未上市公司的股份。当林克得知与 PJT 合作伙伴的讨论后，它进行了干预，并表示应该由其接管谈判；毕竟，雇佣投资银行是授权公司董事的职责。谈判围绕一项代号为"橡树计划"（Project Oak）的计划展开，该计划旨在将这些未上市的股份打包，要么一次性整体出售，要么出售给多个不同的投资者。

安德鲁·贝利长期觊觎马克·卡尼担任英格兰银行行长。在许多方面，他都是理所当然的继任者，此前他曾担任过副行长，并拥有管理大型金融监管机构的经验。卡尼将于次年卸任，留给贝利自由发挥的机会。但他在金融行为监管局任职期间一直饱受争议，尤其是对小型债券贷款机构伦敦资本金融公司（London Capital & Finance）破产财产的处理。这家公司已进入破产管理程序，共拖欠 1.1 万名投资者总计 2.36 亿英镑。这一丑闻导致政界人士怀疑贝利是否有能力担任英国经济中最重要的职位之一。贝利需要解决伍德福德的惨败问题。他对该基金的暂停和导致其暂停的情况展开了正式的金融行为监管调查。调查将特别关注伍德福德投资管理公司和该基金的授权公司董事林克的作用。

6月25日上午,贝利和金融行为监管局主席查尔斯·兰德尔(Charles Randell)被传唤到财政部特别委员会。许多评论人士将这次会面视为英格兰银行行长一职的公开面试。会议的既定意图是审查贝利领导下的监管机构的工作,但会议的重点是讨论伍德福德丑闻的后果。从一开始,公众对该案件的关注度就很高,因为该委员会的两名成员——保守党议员史蒂夫·贝克(Steve Baker)和西蒙·克拉克(Simon Clarke)已经宣布,他们不仅是哈格里夫斯·兰斯多恩的客户,也是股票收益基金的受困投资者。

尼基·摩根首先问贝利,为什么监管机构用了这么长时间才发现伍德福德基金的问题。"市场可以看到清算这只基金需要多少天。这难道不是金融行为监管局需要干预或提出问题的标志吗?"摩根问道,她正在适应自己作为首席检察官的角色。贝利简单说了管理欧洲投资基金的"有点奇怪的结构",林克作为授权公司董事,角色非常关键,但人们却不太了解。贝利坚持认为林克负有主要责任。

接下来,摩根谈到了备受争议的根西岛上市交易,以及金融行为监管局在交易过程中起到了什么作用。事实证明,作用非常小。为什么金融行为监管局和根西岛证券交易所花了这么长时间才讨论上市事宜?为什么在媒体报道了相关安排的细节后,金融行为监管局仍迟迟没有做出回应?"金融行为监管局里是否有人阅读了报纸,并听取和了解了行业动态?"摩根斥责。贝利没有理会这些讽刺,但明确表达了他对伍德福德在海外上市公司时所进行的"监管套利"的看法,并补充说,伍德福德一直在基金中未上市的非流动性资产数量上"逆风而行"。

经验丰富的律师摩根再次发起攻势。"监管机构是否应该提出问题，并注意公众报道、新闻报道和行业中关于投资的担忧或消费者没有得到他们本应得到的保护的言论。"她想知道，"难道不应该警告他们，他们没有得到这种保护吗？"贝利回应说，伍德福德的基金"充分"利用了现有的监管规定，金融行为监管局依赖林克来提供信息。虽然林克严格遵守了这些规定，却没有考虑制定这些规定的初衷。因此，它对监管机构做了隐瞒。贝利认为，如果不是这样，该基金可能会被提前暂停。"这可能拯救了此后投资该公司的人。"摩根警告说。"有些人在6月份暂停前就把钱投进去了，现在却发现无法拿回自己的钱。"

多佛议员查理·埃尔菲克（Charlie Elphicke）的选民作为肯特养老基金计划的成员被锁定在股票收益基金中。他询问贝利，在经纪人继续向客户推荐基金时，是否向哈格里夫斯的客户提供了充足的信息，来说明该基金的运营状况不佳。贝利回应称，金融行为监管局已经多次调查了哈格里夫斯的最佳购买清单，包括直接调查和全行业普查，并要求该基金平台做出改变。他说，金融行为监管局正在对哈格里夫斯进行审查，以确定是否应该早些停止推荐伍德福德的基金。

贝利还被尖锐地问及伍德福德的溃败是金融行为监管局的失败，还是基金管理规则的失败——毫无疑问，他将责任归咎于后者。就在质询即将转换话题的时候，贝利和摩根就一个观点达成了一致：应该在基金暂停运作期间降低伍德福德的管理费。"我完全同意你的观点，作为对他投资者的一个信号，这将是一件好事，"贝利说，"恐怕他实际上还没有这样做。"

第二天，轮到马克·卡尼面对议会的质询。他说伍德福德这样的基金是建立在谎言之上的即兴评论引起了轩然大波。他说，全世界有数十亿美元的基金承诺投资者进行每日交易，却投资了难以转移的资产。他还警告称这类基金有可能造成严重的经济冲击。他说："我们必须非常慎重地考虑要采取的措施——让赎回条款与基础投资的实际流动性更好地保持一致，是更适合我们目前情况的做法。"

当政治家和监管机构争论责任归属时，伍德福德正忙着处理他那令人绝望的投资组合。尽管他不再需要处理资金外流的问题，但他所投资的公司仍有自我毁灭的倾向。使用智能技术生产托盘的RM2公司向股市宣布，该公司的现金正在迅速耗尽，而且未能与贷款方达成新的融资协议。该公司只有330万美元现金，而每个月要消耗230万美元。伍德福德以前曾救助过该公司，并在参与救援资金筹措后拥有该公司60%以上的股份，但他无法再动用暂停的股票收益基金来帮这个企业。市场开盘后，RM2的股价暴跌逾70%。伍德福德的另一根救命稻草来自他的长期联系人安东·比尔顿和格林·赫希，这两家房地产开发商曾帮助他在根西岛上市其未上市的股份。他们经营的俄罗斯房地产公司Raven回购了他在该集团12%的股份。伍德福德已经出售了他在其他几家上市公司的股份，包括地平线探索（Horizon Discovery）、BCA市场（BCA Marketplace，一家英国汽车拍卖服务提供商）、NewRiver Reit和对冲基金奥克利资本。五年前，奥克利资本孵化了伍德福德刚刚起步的新兴公司。

7月1日下午，在股票收益基金暂停交易28天后，林克宣布不会解除该基金的交易暂停，并将无限期停止交易。当天晚上，在这位基金经理网站上发布的一段经过大量剪辑的视频中，伍德福德穿着一件格子衬衫，坐在自己的办公桌前，看起来似乎肩负着整个世界的重担。"因此，我们完全理解投资者的沮丧情绪。"他说。"但在这段时间里，我们必须做的是以不损害我们基金持有人的方式执行战略，而这正是我们现在夜以继日工作的事情。"

这场不断发展的危机对伍德福德投资管理公司总部的员工造成了影响。他们不仅在职业生涯中承受着最大的工作压力，而且几乎所有人的退休储蓄都被冻结在股票收益基金中。更糟糕的是，员工被告知他们可能随时会被辞退。伍德福德和纽曼建立了一个"灵活"的成本结构——实际上，这是为了尽可能少地雇用全职员工，用短期合同的人工来填补缺口。这意味着在经济不景气的时候，可以毫不费力地解雇临时工。但公司陷入困境意味着几名行政管理人员的工作也受到了威胁，而那些似乎不再需要的职位，比如大客户的销售代表，他们都已经离开了。

7月11日，机构销售主管威尔·迪尔被解雇。五年前，迪尔离开了在景顺基金的舒适职位成为伍德福德新公司的首批签约员工之一。迪尔曾负责一些最大客户的业务，包括圣詹姆斯广场、肯特养老基金委员会、阿布扎比投资局和奥尼斯（Omnis）。并在伍德福德投资管理公司的形势开始转变时负责维持这些关系。从景顺基金跳槽到公司的英国退伍军人萨库·萨哈也离开了。萨哈的主要职责是在伍德福德投资于未上市公司之前对它们进行分析。由于账面上没有机构客户，也没有新的未上市公司被投资，很明显，迪尔和萨哈在公司中不再有用途。但他们的离开表明，如果该公司真的复苏，它将更专注于散户投资者，并将避免投资致使它衰落的有问题的私营初创企业。

林克也在考虑清仓的问题。从6月下旬开始，林克作为授权公司董事开始考虑如何挽救股票收益基金，但不能再让伍德福担任经理。林克的授权公司董事业务主管卡尔·米德尔开始四处寻找替代方案。7月2日，全球最大的基金管理公司贝莱德（BlackRock）的前董事总经理托尼·斯坦宁（Tony Stenning）给米德尔发了一封电子邮件，建议他联系贝莱德过渡管理业务负责人尼克·霍格伍德（Nick Hogwood）。贝莱德成立过渡管理业务的目的是帮助客户将投资基金从一个投资管理公司转移到另一个投资管理公司。斯坦宁后来成了林克的董事长。

与此同时，伍德福德面临着来自耐心资本董事会的压力。耐心资本是伍德福德在富时250指数成分股公司上市的投资信托基金。四年来，以苏珊·塞尔为首的董事们一直全力支持他们的基金经理，但在股票收益基金暂停，以及随之而来的铺天盖地的负面报道之后，董事们迟迟没有建立并培育出中坚力量。他们不仅聘请了价格昂贵的温特弗拉德证券公司作为信托公司的经纪人，还空降了富事高商务咨询公司（FTI Consulting）来处理媒体询问等事宜。他们想与伍德福德和他的新闻工作人员分开。

董事会对该信托基金与其托管人、总部位于芝加哥的北方信托之间1.5亿英镑的透支额表示担忧。该透支额度在2018年底已经达到上限，但在伍德福德出售了基金的部分资产后，透支额度降至1.26亿英镑。董事会宣布未来6个月内会将这一水平降低到7 500万英镑，并在一年内降至零。然而，让这项工作的难度变得更大的是伍德福德签署的资助承诺。当癌症治疗公司质子合作伙伴在2月份上市时，伍德福德同意在接下来的18个月内向该公司提供8 000万英镑。随着伍德福德的公司逐渐陷入困境，质子合作伙伴的经理们意识到他们需要在资金耗尽之前要求兑现承诺。由于股票收益基金被暂停，伍德福德被迫从耐心资本支付款项。到7月，质子合作伙伴已经筹集了 3 500 万英镑资金。在股票收益基金暂停几天后，伍德福德还同意再购买在纳斯达克上市的生物科学公司益福凡姆的 1 000 万美元股票。

由于担心伍德福德会做出进一步的承诺，董事会对他进行了限制。通过引入额外的控制措施，要求基金经理在出售其他基金持有的资产、投资新公司或向他已经投资的公司追加资金时，必须获得董事会的批准。这些都是伍德福德整个职业生涯一直反对的限制事项。他对干预自己管理基金方式的人的强烈厌恶再次抬头——正是这种干预导致他在五年前不得不离开景顺基金。这些董事有什么资格对他指手画脚，指挥他管理以自己名字命名的基金？如果有什么不同的话，他们应该感谢伍德福德多年来对他们公司的资助。作为一种反抗，伍德福德出售了他在信托基金中的 100 万英镑个人股份，相当于他所持股份的 60%。他后来将其归因于需要缴纳个人税款。到那时，伍德福德对董事会已经不屑一顾，他没有给他们任何警告，三个星期都没有通知他们。

伍德福德继续为他多年来投资的公司签署支票。他是第一个支持原子银行的大投资者。原子银行是一家具有颠覆性的数字银行，希望挑战英国大型商业银行的垄断地位。原子银行的首席执行官马克·马伦（Mark Mullen）甚至表示，如果没有伍德福德的支持，这家专注于移动业务的挑战者就无法生存下来。因此，7 月下旬，当原子银行需要更多资金来满足银行保护存款人的规定时，伍德福德很高兴地投入了 5 000 万英镑。

与此同时，哈格里夫斯·兰斯多恩仍因其在伍德福德基金的推广中所扮演的角色而受到抨击，直到基金暂停。该公司的首席执行官克里斯·希尔在回答尼基·摩根的问题时，为他对伍德福德的支持进行了辩护。他说，在伍德福德 30 年的理财生涯中，他确实有过几次失败的经历，但他总是能以更强大的姿态回归。哈格里夫斯的投资分析师们相信，这次也是如此。他在致摩根的信中还揭露了哈格里夫斯的 110 万客户在多大程度上遵循其建议，其中超过四分之一的客户被困于股票收益基金。但是，克里斯·希尔没有提供客户在伍德福德另外两只基金中的投资数据。

　　哈格里夫斯被批评允许股票收益基金和收入聚焦基金在年初的时候保留在最佳购买清单中，尽管它们的表现很糟糕。哈格里夫斯当时表示，他们之所以将其保留下来，部分原因是他们向基金超市的客户提供了进一步折扣。哈格里夫斯的对手抓住了这一点。另一家在线经纪商互动投资者公司（Interactive Investor）的首席执行官理查德·威尔逊（Richard Wilson）告诉摩根，伍德福德为哈格里夫斯预留的折扣意味着后者的客户无法向其他供应商转账。"持有……基金的投资者被束缚了手脚——他们既不能退出基金，也不能将资产转移到可能更适合他们的平台上。"他对委员会主席说道。"我们认为，在这些投资者已经很困难的时候，这种情况是不可接受的。"他说，一些哈格里夫斯的客户曾试图转移到他的公司，被林克阻止了。但哈格里夫斯和林克最终对允许客户转移的呼吁做出了妥协。

　　在抛售了自己投资信托基金中 100 万英镑的股票三周后，伍德福德终于抽出时间将这件事告诉了董事会。7 月 27 日（周六），曾经忠心耿耿的董事们发现了这一事实，勃然大怒。在周末仓促安排的电话会议中，董事会、温特弗拉德证券公司和富事高商务咨询公司制定了一项反击计划。在接下来的周一早上 7 点，董事会向股市发布了一份声明，宣布伍德福德出售股票。声明中明确指出，伍德福德对他们隐瞒了三个星期，直到上周六才让他们知道。董事会表示，虽然没有被要求将交易公之于众，但他们决定立即公开。在一份附带的声明中，董事会承认已经与其他基金经理就更换伍德福德的问题进行了初步讨论。英国《金融时报》此前曾报道过这些讨论，但这是该公司董事会首次承认。就像伍德福德出售股份的细节一样，董事会没有被要求公开这些信息——但董事会选择这样做——表明其与基金经理的关系已经破裂到无法修复的地步。

该信托基金的一位私人投资者告诉英国《金融时报》，伍德福德在不公开的情况下出售了他的股票，这是"可耻的"。他说"市场一直被蒙在鼓里。"他说，"应该让尼尔·伍德福德尽快站在财政部特别委员会面前作出解释。"伍德福德出售自己股票的行为是对那些长期以来坚持支持他的投资者的一记重击。可笑的是，他一边录制视频恳求他们坚持下去，一边从基金中提现，保护自己的财富免受更多冲击。

在牛津商业园，虚伪像铅气球一样迅速下降，裁员的威胁悬在空中。一些承包商在接到通知后立即被解雇，被要求清理他们的办公桌并立即离开办公室。那些还在工作的人知道，无论结果如何，伍德福德投资管理公司将永远是他们简历上的一个污点，他们需要在未来的求职面试中解释清楚。那些自始至终支持他们领导的员工——他们中的大多数人放弃了高薪工作加入了他的行列——并将自己的养老金投资于他的基金，现在看到了他的真面目。尽管伍德福德声称他们是一体的，而且他在七个月前的圣诞晚会上发表了催人泪下的演讲，但伍德福德还是让他们失望了。

伍德福德不是唯一想套现的人。克雷格·纽曼委托一家高端房地产商为他的豪宅制作销售手册。他将这些信息发给了联系人，将这座拥有七间卧室的豪宅标价 1 000 万英镑，并把他的沃格雷夫

（Wargrave）六间卧室的房产标价为 490 万英镑。那一年，纽曼和伍德福德已经从企业中提取了 1 380 万英镑的巨额股息，并继续每天向受困的投资者收取 6.5 万英镑的费用，尽管监管机构、政治家和媒体要求放弃收费的呼声越来越高。这棵摇钱树已经干枯了，但伍德福德和纽曼要确保把它完全榨干。

伍德福德当然觉得他的报酬是应得的。7 月底，根西岛证券交易所宣布取消伍德福德所持的股票上市计划，其中包括他最大的两项投资——仁爱人工智能和工业热力公司。十年前，根西岛曾因与破产的 Arch Cru 基金有牵连而受到伤害，当时正试图避免被最新的英国投资丑闻所影响。此举意味着，股票收益基金的未上市部分突破了 10% 的监管限制。目前，该基金未上市公司所占的比例已接近 20%。此时，林克已经告诉伍德福德，争取在 12 月初的一个名义日期重新启动该基金。虽然伍德福德在减持部分股份方面取得了一些进展，但他知道需要在 12 月之前处理好私人部分的股权。

然而，他投资组合中的其他公司仍在不停地出现问题。8 月初，美国对冲基金经理卡森·布洛克（Carson Block）攻击了为诉讼提供资金的企业伯福德资本，指责该企业的会计工作过于激进。布洛克发表了一篇关于该企业的爆炸性研究论文，导致其股价暴跌 57%，成为英国有史以来最具破坏性的卖空攻击之一。伍德福德一直是伯福德资本的支持者，并在秋季的下跌中遭受了 1.19 亿英镑的损失。

更多的坏消息接踵而至。在耐心资本董事会的指示下，林克重新评估了伍德福德私人持股的市值。多年来，在独立咨询公司达夫菲尔普斯的建议下，许多公司都得到了林克的天价估值。但林克用另一个第三方的信息服务公司埃信华迈（IHS Markit）取代了 D&P，后者对这些公司有不同看法。林克和埃信华迈重新审视了工业热力公司，认为这家最近被踢出根西岛证券交易所的冷聚变企业，并不像最初看起来那样有前途。工业热力公司是耐心资本持有的最大股份之一，当林克和埃信华迈将其估值下调40%时，该信托的资产净值下降了4%，导致股价下跌13%。该公司也是股票收益基金的主要持股者，减记使该基金的专属投资者损失了4 000多万英镑。不到一年前，伍德福德参与了一轮融资，使工业热力公司的市值提高了357%。当时的评估过程很混乱，而林克对估值的处理很不到位。

由于在股票收益基金暂停中扮演的角色，林克受到了相当多的抨击。金融行为监管局正在调查该公司与伍德福德的关系及其互相的动作，而安德鲁·贝利在出席财政部特别委员会听证会时已明确表示，他觉得该公司在向监管机构反馈了多少信息方面需要作出解释。林克负责的伍德福德未上市公司的重新估值也令该公司感到尴尬，因为它一开始就将这些公司的估值定得太高。整个8月，金融行为监管局一直警告林克的其他授权公司董事，他们应该为行业调查做好准备。伍德福德基金的内爆一方面显示出利基服务提供商在英国投资行业治理中发挥着关键作用，另一方面也暴露出了监管机构内部的缺陷和问责制的缺乏。

伍德福德和纽曼也对林克越来越失望。数周来，伍德福德投资管理公司的合规团队，以及林克和精品投行PJT合作伙伴的代表，一直在讨论出售未上市资产的"橡树计划"方案。伍德福德相信，这是确保该基金在12月重新开放时——他仍然希望是12月——能够在解除暂停情况下生存下来的关键。但是，尽管伍德福德在5月份就开始与投资银行进行讨论，林克却迟迟没有正式聘用PJT合作伙伴开始转移资产的工作。他开始怀疑林克在故意拖延这项任命。

耐心资本的情况持续恶化。对于这些年来董事们与伍德福德关系过于密切的说法，该信托基金做出了回应，对董事会进行了改组。伍德福德的长期盟友之一、他最青睐的斯卡西亚制药公司首席执行官史蒂文·哈里斯辞职，由经验丰富的投资信托主管简·塔夫内尔（Jane Tufnell）接任。塔夫内尔与伍德福德没什么关系。该信托基金当时的状况很糟糕，股价在那一年跌去了一半。它正处于从英国中型企业成分股富时250指数（FTSE 250）崩溃的过程中。大量的资产减记只会让事情变得更糟。该基金最大的持股公司仁爱人工智能是最新一家遭受巨大贬值的公司。一年前，它的价值被定为15亿英镑，但当新加坡主权财富基金淡马锡（Temasek）向该企业注入更多现金时，这笔投资导致其价值减半。

该信托基金还承受着沉重的透支压力。虽然它对北方信托的欠款额正在慢慢减少，但该信托仅限于借入其资产的20%。这意味着，每当伍德福德持有的资产贬值，或者伍德福德向公司承诺投入更多的现金，就需要偿还更多的透支费用。作为对贷款更多灵活性的回报，伍德福德被迫允许北方信托对他通过耐心资本进行的任何进一步投资拥有最终决定权。

到10月初，私人资本的贬值和上市公司的倒闭已经对股票收益基金造成了严重影响。英国《金融时报》的一项分析认为，自该基金4个月前被冻结以来，受困投资者的损失相当于其所持基金资产的20%。在此期间，富时综合股价指数表现平平。该基金的数十万投资者只能惊恐地看着自己毕生的积蓄分崩离析。自暂停以来，他们已经支付了800多万英镑的费用。与此同时，伍德福德仍在运营的收入聚焦基金的投资者在同一时期损失了16%。

尽管业绩不佳，但林克的管理人告诉纽曼，他们对伍德福德在重新调整投资组合以准备在12月初重启股票收益基金方面所取得的进展感到鼓舞。伍德福德一直在出售他所能卖出的未上市小型公司的股票，并将收益再投资于富时 100 指数和 250 指数成分股公司——这两类公司是他建立声誉的基础。但两周以来，林克一直保持沉默。纽曼给授权公司董事的电话和电子邮件都没有得到回应。伍德福德和纽曼又一次有这样的感觉：这幕后发生了一些事情。

然而，出乎意料的是，10 月 11 日星期五，卡尔·米德尔突然发邮件给纽曼，邀请他和伍德福德在下周一下午到林克的伦敦办公室开会。米德尔说，股票收益基金已经到了一个关键时期，他想向他们讲解"橡树计划"的最新进展情况。他还希望纽曼和伍德福德能让他知道调整投资组合的进展，以便他能让金融行为监管局了解最新情况。米德尔说，与会者应保持在最低人数，所以只邀请了伍德福德投资管理公司的纽曼和伍德福德。会议定于下午 4 点举行。

周末，伍德福德、纽曼和合规人员一起整理了一份报告，向林克展示了投资团队在提高投资组合流动性方面所取得的进展。该基金持有最难转移资产的比例已从 34% 降至 23%，而流动性最强的资产目前占 43%，高于该基金暂停时的 12%。伍德福德希望 PJT 合作伙伴能在 10 月和 11 月出售流动性差的资产，这将有助于该基金达到可以重新开放的水平。伍德福德的团队还在报告中辩称，重新开放基金符合投资者的最佳利益，而逐步关闭基金将耗费他们的时间和金钱。他们表示，暂停一年多的时间，可能让投资者损失超过三分之一的资产，而重新配置该基金，以期在 12 月重新开放，只会造成 7% 的损失。

伍德福德的销售团队对公司最大的客户进行了一项调查，发现即使在他轰然倒下之后，许多独立财务顾问仍然支持他。伍德福德和纽曼对重振公司信心十足，他们在 11 月安排了路演，分别在 18

个地点举行，试图鼓动人们继续支持伍德福德的基金。他们甚至支付了所有酒店和活动场地的押金。

因此，当周一下午两人出现在位于伦敦金融城格雷沙姆街（Gresham Street）65 号的林克总部时，还以为这次会议只是走形式。然而，没过几分钟，他们就意识到情况并非如此。米德尔拒绝听取他们精心策划的陈述，并告诉他们，林克已决定逐步关闭该基金，并已安排 PJT 合作伙伴和贝莱德分别出售其未上市资产和上市资产。会议只持续了 30 分钟。

伍德福德和纽曼被震惊得麻木了，他们意识到这意味着他们的公司将无法维持下去，他们走出林克总部，在街道中穿行，试图在避开拥挤的通勤者，同时整理思绪。震惊很快就变成了愤怒——这个光鲜的管理者怎么能把他们的业务丢到垃圾堆呢？他们打电话给米德尔，要求在律师在场的情况下继续会谈。米德尔勉强同意了。下午 5 点，伍德福德和纽曼回到林克的办公室，花了近三个小时恳求米德尔和他的同事们继续运营基金。但林克的团队毫不动摇。由于预计金融行为监管局晚上 8 点会有最新消息，他们在 7 点 55 分宣布会议结束。伍德福德的时代从任何角度上说都已经结束了。伍德福德和纽曼再次被扫地出门，站在冰冷的伦敦街头，伍德福德发现这里距离他 30 多年前开始投资生涯的地方只有几个街区。不知何时天空飘起了细雨，雨滴洒落在他们佝偻的肩膀上。

伍德福德一直讨厌伦敦的"胡说八道"，讨厌它的群体思维文化和俱乐部关系。20 世纪 80 年代末，他作为一名匿名投资者离开了亨利镇，此后就再也没有回头。他点石成金的才能，为他的追随者创造了财富，将他推向了自己事业的顶峰。五年前，他成功地创办了一家独立公司，这更证实了他受到了高度尊重。然而，在不到两年的时间里，伍德福德投资管理公司从管理 180 亿英镑的资产变成了几乎一无所有。事实证明，伍德福德让英格兰中产阶级变得富裕起来的声誉其实是建立在谎言之上。这位投资行业最著名的基金经理之一的职业生涯以令人羞愧的方式结束了。

# 12

## 后果

2019 年 10 月 15 日，周二上午 8 点 30 分，20 多名员工迈着沉重的脚步走进了伍德福德投资管理公司总部的会议室，与此同时还有同样数量的人进入了电话会议。外面，沉闷的商业园区里，笼罩着一层苍白的薄雾，附近的牛津环形公路上传来了早晨上班族熙熙攘攘的声音。在前一天晚上，只有在场的五个人——包括尼尔·伍德福德和克雷格·纽曼——知道林克决定结束股票收益基金，但现在所有人都知道了。在没有事先通知伍德福德和纽曼的情况下，林克于上午 7 点 10 分向该基金的投资者和媒体宣布，基金即将关闭，伍德福德已被解雇，立即生效。短短几分钟内，这篇报道就登上了英国《金融时报》的网站，并在英国广播公司广播 4 台《今日》（*Today*）节目中进行了商业报道。

虽然伍德福德的所有员工都意识到前一天下午林克会议的重要性，但谁也没有想到，他们的关系很快就被破坏了。他们认为，在最坏的情况下，他们将有三个月的时间来进行基金清算。后果大家都很清楚。该公司的收入几乎完全依赖其旗舰产品——股票收益基金。由于从未达到业绩目标，伍德福德还未从经营耐心资本信托中获得任何资金。规模较小的收入聚焦基金提供了一些资金，但远远不够维持业务的运营。2019 年夏天，该公司的所有其他授权与委托都被取消了。失去股票收益基金对伍德福德投资管理公司来说是致命一击。

伍德福德再次发表了感人的演讲，员工们泣不成声，但这一次他并没有承诺要重振公司。收入的闸门被关闭了，公司根本无法生存。伍德福德告诉他们，他将在当天晚些时候辞去耐心资本和收入聚焦基金经理的职务，并在接下来的几个月内完成对最后两只基金的通知期并关闭业务。所有员工最终都会被解雇，甚至有些人在当天下午就需要清理他们的办公桌。在很多情况下，被裁撤的人员离开时只会得到一到两个月的薪水，并被要求签署保密协议。这与伍德福德和纽曼多年来获得的丰厚报酬相去甚远。

林克坚称，之所以被迫关闭股票收益基金，是因为在转移该基金中价值 7 亿英镑的未上市公司方面进展缓慢。林克表示，如果该基金在 12 月重新开放，将面临在更大赎回浪潮中崩溃并被迫再次暂停的风险，这意味着行动迟缓的投资者将再次陷入困境。伍德福德在自己的网站上发帖愤怒地回应，明确表示关闭基金是林克独自做出的决定，他"不能接受，也不相信"这符合投资者的长期利益。伍德福德后来在一份声明中表达了更深切的歉意，他在声明中说："我个人对这起事件、对那些信任伍德福德投资管理公司并投资于我们基金的投资者造成的影响深感遗憾。"

次日上午，即 10 月 16 日，林克暂停了 2.52 亿英镑的收入聚焦基金的交易，以回应伍德福德的辞职。基金暂停的情况非常罕见，几乎总是发生在流动性资金太少，难以偿还离开的投资者的情况下。不过，收入聚焦基金的设计初衷是便于交易，所以在这种情况下，流动性不是问题。相反，林克认为伍德福德的辞职会引起基金的挤兑，因为他最坚定的支持者会跟着他离开。自四个月前股票收益基金暂停以来，该基金的市值已经减半，其中大部分资金流出是哈格里夫斯·兰斯多恩将收入聚焦基金从其多重经理人系列中撤出的结果。与此同时，当市场开盘时，耐心资本的股价在开市时下跌了7%。

随着事件的扩散，哈格里夫斯再次受到影响。愤怒的客户通过英国《金融时报》发泄着怨气。特里·麦基（Terry Mackie）抱怨说："他们导致成千上万的投资者投资失败，仅仅免除他们的费用是不够的。"麦基在赎回大门被关上之前成功地撤出了他在股票收益基金的股份。另一个被困在基金里的客户惊恐地看着自己2.3万英镑的投资缩水到只有8 000英镑，他"感到非常失望"，因为经纪人的支持者（主要是马克·丹皮尔）对哈格里夫斯的众多消息"感到很放心"。哈格里夫斯的研究部主管已经躲藏起来。他在自己的推特（Twitter）账户上删除了许多称赞伍德福德的帖子，并在职业生涯中第一次拒绝了所有记者的电话。在丹皮尔夫妇出售了价值560万英镑的公司股份后，哈格里夫斯的股价下跌了25%。

另一位哈格里夫斯的客户向英国《金融时报》表示，正是因为股票收益基金被列入该基金超市的最佳购买清单，以及它不遗余力的营销活动，他才在两年前进行了投资。"他们的文章可能会说'这不是投资建议'，但他们的文章是有目的的，目的很明确，就是鼓励像我这样的人进行投资。"他说。"现在回想起来，感觉他们只是在根据伍德福德以前作为投资者的好名声来写报告，而不是研究他的基金和他到底投资了什么。对他们来说，大量未上市股票不应该是一个危险信号吗？或者至少在文章中不应该稍微提及吗？"

工党的影子内阁财政大臣约翰·麦克唐纳（John McDonnell）也

被卷入其中，承诺如果工党在即将到来的大选中获胜，他将对金融业展开为期 12 个月的调查。"投资平台的行为似乎存在利益冲突——而且在很多方面，它们在很大程度上仍然不受监管。"他感叹道，并对安德鲁·贝利的金融行为监管局提出了进一步批评。"伍德福德另一只基金的关闭引发了人们的严重质疑，即我们的监管机构是否再次玩忽职守。"

那个周末，数十名股票收益基金的投资者联系了英国《金融时报》的个人理财版，表达了他们的不屑。"我觉得自己被骗了。"一名来自伦敦北部的 38 岁青年工人抱怨道，他在该基金里有 2 500 英镑的资金。"我知道我可能已经损失了大部分钱，我只能耸耸肩继续生活。"但这位青年工作者和许多其他读者一样，并不认为伍德福德要负全部责任。"有趣的是，我并不为此责怪尼尔·伍德福德。当我希望他能重新调整自己的时候，他却被赶出了基金，这才让我感到无力和沮丧。我担心快速抛售带来的打击会比把他留在那里要严重得多。"

愤愤不平的投资者普遍认为，这是伍德福德的烂摊子，应该由他来收拾，而不是让林克——一家他们几个月前才知道的公司——从他手中接手这件事。他们担心贝莱德和 PJT 合作伙伴会因为他们在基金清盘过程中的作用而从中提取费用。"我更希望由伍德福德把事情解决掉，因为在财务上和挽救自己的声誉方面都与其直接利害关系。"该基金的另一位投资者朱利安·索内特（Julian Thornett）说。"在第三方出售这些资产并在此过程中赚取利润的情况下，只有利润才是他们的动力——将其他人的损失具体化并没有什么坏处。"

伍德福德辞去耐心资本经理一职一周多后，该信托基金的董事会就宣布，已选定伦敦金融城基金公司施罗德（Schroders）接替他的职位。股东们反应热烈，推动股价上涨了 30%——尽管股价仍不到年初价值的一半，比伍德福德 7 月份套现时下跌了三分之一。该基金的投资者表示，他们希望自 1924 年以来一直管理投资信托基金的施罗德公司，能够采取更严格的风险管理方式和选股方法。但分析师提醒，尽管该基金在当年已经遭遇了大量资产减记，但一旦新的基金管理人更仔细地审视相关投资，可能会出现更多资产减记。投资者还会注意到施罗德公司谈判协商的新收费结构。新基金管理人不会像伍德福德那样，在未能达到业绩目标的情况下放弃一笔费用，相反，不管基金业绩如何，每年都会将高达 1% 的资产收入囊中。这是投资信托行业的收费标准。伍德福德试图打破收费现状的努力已经失败了。

那些警告说耐心资本投资者将面临更多坏消息的分析家们被证明是正确的。就在几天后，林克再次下调了备受争议的工业热力公司的价值，这家有争议的冷聚变公司曾吸引了布拉德·皮特和劳伦·鲍威尔·乔布斯的投资。林克表示，由于"营运进度延迟"，它对这家亏损的公司进行了贬值。其结果是，林克的价值在一年前就被高估了 357%，此后又被削减了 83%。这证明林克的估值过程其实是一团糟。该信托基金的股价再次下跌，而该基金资产净值的减少导致其超过了与北方信托设定的 20% 的借款限额。

自从伍德福德 5 年前成立公司，金融行为监管局一直对其持谨慎态度，后来才决定控制局面。金融行为监管局受到了政治家、消费者权益活动家和媒体的指责，因为它在处理这位基金经理和他日益轻率的投资组合方法上采取了无动于衷的态度。贝利也仍在英格兰银行行长这一职位的人选之列，他需要证明，这家监管机构已经掌控了最新的危机。金融行为监管局继续调查授权公司董事，并开始关注仍然暴露在股票收益基金风险中的各种多管理人基金。至少有 15 个由财富管理公司和经纪人提供的产品，持有 150 亿英镑的储蓄，都投资于这个已经失效的基金中。哈格里夫斯管理着其中的六只基金和超过三分之一的资产，而财富管理公司奎尔特（Quilter）的产品和几只规模较小的产品也被投资。监管机构担心，对伍德福德基金的流动性担忧会蔓延到其他产品上，投资者会抛售，使剩下的投资者无法出售所持有的股票收益基金。

姗姗来迟的金融行为监管局试图表明自己能够控制局面，这足以让贝利实现他的野心。保守党在大选中大获全胜。一周后，也就是 12 月 20 日，英国财政大臣赛义德·贾维德（Sajid Javid）宣布，贝利将于 1 月底接替马克·卡尼担任英格兰银行行长。贝利比伍德福德大一岁，他在英格兰银行的职业生涯始于 20 世纪 80 年代中期，当时伍德福德刚刚在伦敦金融城崭露头角。伍德福德在鹰星的短暂任职期间，两人分别在针线街的两侧工作。作为偷猎者和猎场看守者，两人分别在长期雇主景顺基金和英格兰银行中步步高升，并成为其中的明星。在职业生涯的相似转折点，他们都离开了舒适的职位，去尝试新的事业。贝利成为英国审慎监管局（Prudential Regulation Authority）的第一任首席执行官，而伍德福德一年之后就推出了自己的投资公司。然而，就在伍德福德的职业生涯处于低谷的时候，贝利的职业生涯则达到了巅峰。

当贝利准备接手全球金融领域最重要的职位之一时，伍德福德和纽曼正给这家他们几年前以极大的热情创办的公司的做收尾工作。大部分员工被解雇了，公司也放弃了在牛津的办事处。为数不多的员工留了下来，以关闭公司并确保最后两笔资金顺利转移给新经理，他们在家里办公。林克现在已经决定将收入聚焦基金的控制权移交给英国最大的上市投资集团——阿伯丁标准人寿（Standard Life Aberdeen），但受托负责扭转该基金状况的基金经理在过去五年中从未跑赢过富时综合股价指数。林克、阿伯丁标准人寿和托管公司北方信托都同意在头几个月免除费用，但投资者仍要承担新基金管理公司按照自己的意愿改造投资组合的成本费用。

尽管大多数商业评论员都认为伍德福德的职业生涯已经结束，但这位基金经理却有自己想法。12 月，伍德福德和纽曼飞往中国，与有兴趣支持英国年轻公司的投资者会面。保守党在大选中的胜利使英国脱欧成为定局。这是伍德福德一直在等待的机会。现在英国脱欧已经确定，他相信海外投资者被压抑的购买英国企业股份的需求将得到释放。他希望说服他多年来结识的一些中国投资者，也就是那些和他一样投资了一些大学衍生企业的公司，为他心目中的一家只投资于英国初创企业的新企业提供资金。例如，世界第二大银行中国建设银行已被说服支持伍德福德最喜欢的两家未上市公司——牛津纳米孔公司和免疫核心控股公司。很明显，尽管伍德福德的公司因投资于未上市公司而解体，但这仍然是他热衷的一个领域。

2020 年 1 月 28 日，被困在股票收益基金中的约 40 万名投资者的损失额开始变得清晰起来。伍德福德不再参与这个奄奄一息的基金，但他曾对基金的管理仍然消耗着这些投资者一生的积蓄。林克透露，贝莱德已成功转移了该基金被要求处置的四分之三的资产。这些是大型上市公司的股份，在获得公平市场价格的情况下最容易出售。这使林克能够向投资者偿还他们所持该基金的初始分期资金。从理论上讲，这是基金投资者摆脱整个灾难的漫长之路的第一站。这本来是可以让他们稍松口气，然而，这笔款项明确了他们的损失，如果他们在 6 月份该基金被暂停之前取出这笔钱，他们将收回的钱将比他们本应得到的少 20%。

更糟糕的事情还在后面。投资组合中剩下的四分之一是更难出售的。PJT 合作伙伴在处理基金中剩余的 7 亿英镑未上市和小型企业的大量股权方面收获甚微。这部分投资组合的损失可能要高得多——这意味着，理论上被困的投资者可能损失高达 45% 的资产。林克没有提供出售这些非流动性资产的时间表，但分析人士推测，这一过程可能至少还需要一年。该基金的一名投资者向英国《金融时报》表示："一方面，我对收回资金的时间进一步推迟深感失望；另一方面，这一点儿也不奇怪。对我来说，这不过是几千英镑——如果这是我毕生的积蓄，我一定会大发雷霆。"

这无疑是在往伤口上撒盐：质子合作伙伴——后来更名为"卢瑟福健康公司（Rutherford Health）"——从股票收益基金中又取出了 750 万英镑，作为伍德福德一年前为鼓励该癌症治疗公司上市而向其做出的 8 000 万英镑承诺的一部分。公司的经理们意识到，基金很快就会所剩无几，所以他们要确保拿到到期应得的款项。事实上，伍德福德对承诺过的各家公司总共还欠 2 250 万英镑的债务，这些债务将在投资者收回自己的投资之前从基金中支付。似乎这还不够糟糕，该基金的投资者还必须支付清盘费用，自从三个月前林克解雇了伍德福德，该费用已经增加到 500 万英镑。林克预计，随着时间的推移，这些费用将上升到 1 030 万英镑。伍德福德投资管理公司在 6—10 月管理该基金的这五个月里，已经收取了 800 万英镑的费用。大量的投资者不得不等待，直到其他机构都把资金取走，他们才会看到自己的钱。

多年来，有两个人肯定得到了大量报酬，那就是伍德福德和纽曼。在经营公司的五年里，他们总共获得了至少 7 500 万英镑的股息。伍德福德的占了三分之二，达到 5 000 万英镑，而纽曼的份额为 2 500 万英镑。这些报酬使两人都拥有大量跑车，并可以继续放纵自己购买豪华房产，消费。但他们从公司中获得报酬的真实数额实际上要高得多。2016 年，两人从法律角度对公司进行了改造，将其从合伙企业转变为有限公司。他们一直坚持认为此举没有得到任何个人税收优惠，但这确实意味着在转变的过渡期，公司有 6 个月的财务账目未公布。接触该公司的人士表示，在此期间，他们从公司中提取的金额与有记录以来的 6 个月的金额差不多——这将使他们获得的股息总额接近 9 000 万英镑。

对于金融行为监管局来说，伍德福德事件发生的时机太糟糕了。安德鲁·贝利一直拼命想让自己成为马克·卡尼在英格兰银行的自然继任者，而监管机构无法摆脱随着伦敦资本金融公司倒闭而变得更加低落的士气。如果监管机构早点注意到危险信号，而不是将监管外包给林克，伍德福德的失败或许可以避免。尽管伍德福德在景顺基金任职期间正处于一项大规模持续调查中，但金融行为监管局还是过于急切地允许伍德福德的合伙人建立新的公司，并在创纪录的短时间内通过了申请。这本身就应该让监管机构停下来，考虑伍德福德的新公司是否具有足够的能力以防止和应对类似的失误。金融行为监管局只在一个点上对该公司计划进行了否定，那就是让林克——或者当时的凯德资产——担任授权公司董事，尽管该监管机构已因林克在两起基金丑闻中所扮演的角色而对其进行了惩罚。也许金融行为监管局天真地认为，由于林克和伍德福德都经历了监管的考验，这一次他们都会更加谨慎，并注重控制和降低风险。事实证明，他们大错特错。

在伍德福德投资管理公司成立和运行的五年中，金融行为监管局未能注意到几个警告信号。当四位创始合伙人中的两位——尼克·汉密尔顿和格雷·史密斯在一年内愤然离开该公司，并在漫长的离职面谈中向监管机构报告了他们的担忧时，金融行为监管局未能采取行动。即使在 2018 年初允许基金经理两次违反垃圾股比率限制之后，监管机构仍然相信林克会让伍德福德回到正轨，保持平稳。而当金融行为监管局在林克没有通知它的情况下发现伍德福德安排了复杂的计划，以摆脱自作自受的流动性陷阱——比如根西岛的上市和耐心资本的资产置换，监管机构再次无所作为。

作为美国财政部特别委员会调查的一部分，曝光的证据显示，一个温顺的监管机构"尽管咆哮，但并不咬人"。它太容易委托像林克这样的授权公司董事对投资基金进行日常监督，这意味着它对该行业的情况知之甚少。英国《金融时报》根据《信息自由》的要求提出的一份申请显示，金融行为监管局没有设置中央数据库来监测基金何时暂停交易，因此它不明白这一问题在 3 200 只投资基金中有多严重，储蓄者依靠金融行为监管局对这些基金进行监管。

巧合的是，就在伍德福德丑闻曝光的同时，金融行为监管局将发布一份报告，调查三年前英国脱欧公投后暂停的一系列英国房地产基金的情况。这些基金投资于购物中心和写字楼等实体资产。投资者由于担心英国房地产市场在脱欧公投后将遭受打击，他们试图撤资，而基金经理无法以足够快的速度出售资产以满足赎回要求。在股票收益基金也因同样的缺陷而受到打击时，监管机构已经在调查开放式基金投资于难以出售的资产的问题。金融行为监管局将其对房地产基金的调查推迟到 2019 年底，以考虑其对伍德福德事件的初步调查结果。

报告发现，股票收益基金投资者"没有意识到，或者似乎不理解他们所面临的流动性风险"。报告还显示，他们对"这种（流动性）风险可能对他们按需变现投资的能力产生的影响"几乎一无所知。这算是监管机构愿意做出的最严厉的回应。该报告还公布了房地产基金在一年内需要实施的一系列安全措施，包括增加对投资者的信息披露量，加强对存款机构的监管，以及要求基金管理公司制定强有力的流动性风险应急计划。它还引入了一个安全网，即如果超过 20% 的资产被基金的独立估值机构认为难以估值，基金必须暂停交易。尽管新规定只涉及房地产基金，但金融行为监管局表示，它将考虑将这些规定更广泛地推广到其他投资产品。

尽管新措施受到业内人士的谨慎欢迎，但它们未能解决伍德福德事件暴露出的一些更为根本的问题。其中最主要的是马克·卡尼强调的一个问题，即投资者以为可以把某些基金当作自动取款机，而实际上他们投资的是不可能在短期内转移的资产。金融行为监管局也未能解决贝利在议会作证时指出的系统缺陷，比如基金通过宣布未上市公司计划在一年内上市来规避垃圾股比率的规则。根西岛的上市还暴露出金融行为监管局未能填补的巨大漏洞。

林克未能让伍德福德保持一致性，这损害了授权公司董事的整体声誉。金融行为监管局对这个鲜为人知的行业进行调查，旨在找出这些缺陷是林克自身的问题还是整个治理结构的根本问题。一位非常了解该行业的人士认为，林克根本不适合为伍德福德工作，因为它倾向于延伸规则，这使得金融行为监管局强迫林克进入新公司的决定变得更加奇怪。"林克有一种模式，而且只有一种模式，无论客户是谁，他们都坚持这种模式。"这位行业专家说。"但林克是由商业驱动的，他们接受任何人，无论他们的要求是什么。对于林克的流程驱动方法来说，伍德福德实在是太复杂了。金融行为监管局和其他人一样，都应该清楚这一点。"

林克不仅允许伍德福德违反监管规则，而且令监管机构失望的是，它没有注意到未上市公司估值过程中存在的利益冲突。一旦林克获得了对这些公司定价的更多控制权，它们的价值就会先飙升，然后骤降，暴露出一个混乱和计划不周的系统。结果对伍德福德投资组合的流动性水平来说是毁灭性的。林克未能让监管机构了解根西岛上市和耐心资本资产互换的情况，充其量也就是马虎了事。尽管林克没有被正式要求通知金融行为监管局，但这些创造性的策略是伍德福德基金陷入困境的警告信号，监管机构本应意识到这一点。该公司以流程为导向的做法还意味着，它在6月份暂停了股票收益基金，而没有首先尝试达成妥协。纽曼一直怀疑林克不能胜任这份工作，并在2017年委托第三方对该行业进行了一些研究，以评估其他供应商可以提供什么。该报告严厉批评了林克的熟练程度，并说其他几家公司可以做得更好。但纽曼坚持选择了与林克合作，主要是因为该公司的费用是市场上最低的。这将是一个令他后悔不已的决定。

作为行业审查的一部分，金融行为监管局表示，将考虑为大型和小型基金投资者引入不同的赎回条款，以避免像肯特郡议会这样的机构客户试图一次性提取数亿英镑资金，从而引发基金崩盘的风险。肯特郡议会在与伍德福德投资管理公司五年的合作中所采取的各种措施，暴露了该机构自身的治理缺陷。肯特郡议会从一开始就决定全面投资该基金，成为该基金最大的投资者之一，而不是选择单独授权，注定从一开始就将自己的双手束缚了。地方政府财务主管尼克·维克斯也拒绝了在股票收益基金暂停前的几个月里重组安排的提议。如果重组，将使该委员会在选择退出时拥有更大的灵活性。最终，在做出解雇伍德福德的决定时，与林克的沟通不畅，点燃了这场十年来欧洲最大投资丑闻的导火索。肯特养老基金委员会在地方当局中享有良好的声誉，尤其受到保守党国家政府的喜爱。但它未能从十年前与高风险的冰岛银行的交易中吸取教训。又一次使数十万名地方政府工作人员的退休储蓄遭受了损失。

当哈格里夫斯·兰斯多恩激进的营销人员以大力推广产品为代价，为投资伍德福德基金的客户争取最大折扣时，他们希望将这两个受欢迎的品牌联系在一起，吸引明星经理的大批拥趸成为新客户。伍德福德的新公司是英国基金管理领域最受期待的推出，哈格里夫斯希望能搭上它的顺风车。问题是，这个计划太成功了。多年来，从联合创始人彼得·哈格里夫斯到首席执行官马克·丹皮尔和投资主管李·加德豪斯，哈格里夫斯的代言人一直为伍德福德代言，在两家公司之间建立了一种不健康的密切关系。尽管伍德福德的基金在最后两年的表现令人震惊，但由于其一直被列入极具说服力的最佳购买清单，直至股票收益基金暂停，加强了这种关系。哈格里夫斯的多管理人基金对伍德福德投资工具的大量投资，使这两家公司之间的联系更加紧密，最终开始扼杀这家基金超市。

随着伍德福德的公司最终倒闭，近30万名哈格里夫斯客户被困入了暂停的股票收益基金，数以万计的客户在采纳哈格里夫斯的建议并投资于他的其他基金后蒙受了巨大损失。这些投资者也许只是希望在某个地方存放他们的积蓄，他们相信哈格里夫斯的品牌能够为他们指明方向。因此，当丹皮尔和他在哈格里夫斯的投资分析师同事在 Equity 股票收益基金暂停前至少 18 个月就对伍德福德的选股能力感到不安，但没有向客户透露任何信息时，这种信任就消失了。

这是财政部特别委员会的证据之一。此外，在股票收益基金暂停前的几天里，丹皮尔和加德豪斯总共出售了价值数百万英镑的自己公司股票，当时与伍德福德公司最密切的人都很清楚，公司有了搁浅的危险。

损失是无法挽回的。在近 40 年里，哈格里夫斯·兰斯多恩从布里斯托尔的一间简陋卧室起步，发展成为富时 100 指数成分股公司和英国最大的投资批发商。它惊人的成就是建立在让储户更容易投资于基金，并让客户相信它在为他们着想的基础上。在此过程中，它创造了英国金融业最强大的消费者品牌之一。但一夜之间，这一切都烟消云散了。突然间，全国上下的律师事务所开始联络愤愤不平的哈格里夫斯的客户，试图对这家公司发起集体诉讼。在 2019 年 11 月发布在脸书上的一则广告中，一家律师事务所试图用一张 20 多岁的时髦人士的照片来吸引人们的兴趣，照片上的人留着浓密的胡须，梳着发结，穿着牛仔衬衫。"我们正在调查那些通过哈格里夫斯·兰斯多恩投资伍德福德基金，并在其股票收益基金关闭后亏损的人可能的索赔要求。"该广告写道。"大约四分之一的客户可能会受到影响。"广告显示，受害者来自各行各业，而不仅仅是那些即将退休、拥有大量存款的人。数千名哈格里夫斯客户与诉讼专家签约，希望能挽回部分损失。

哈格里夫斯的失败也影响了整个最佳购买清单。那些依赖于他们认为是经过仔细研究、有可能超越市场表现的基金名单的投资者震惊地发现，在某些情况下，选择的依据更多的是基金经理准备提供的折扣水平。2019 年底，英国《金融时报》委托研究机构 Fundscape 进行了一项研究，调查在最佳购买清单上推广的基金的质量。研究发现，哈格里夫斯和另外两家分销商——贝斯廷维斯特和查尔斯·斯丹利（Charles Stanley）推荐的积极管理型英国股票基金，在过去三年里平均落后于成本更低的跟踪基金。

金融行为监管局曾多次审查这些清单，在 2019 年 3 月的最后一次市场全面调查中，给这些清单开具了一份干净的健康证明。该报告强调了这份清单的重要性，有五分之一的投资者依赖它们。报告还发现，上榜基金每年平均流入 590 万英镑的资金，但对于伍德福德这样的知名基金来说，这个数字是以亿计的。在股票收益基金暂停后不久，安德鲁·贝利拼命试图控制局势，他宣布监管机构将再次审查经纪人如何使用最佳购买清单。2020 年 2 月，金融行为监管局致函基金超市的首席执行官，告诉他们在创建此类清单时，应做到公正。应该避免优先选择折扣最大的基金，并确保编制清单的团队是独立的。监管机构还表示，这些平台应该有明确的流程，从清单上挑选、监控和删除资金，并告知客户应如何做决定。作为回应，哈格里夫斯取消了备受诟病的财富 50 强名单，代之以新的财富候选名单，该名单将由一个独立小组主持。经纪人的客户以及他们的律师将密切关注这是否一种更加透明的方法，或者仅仅是一种品牌重塑的做法。

伍德福德丑闻对圣詹姆斯广场的影响较小，这家财富管理公司的 37 亿英镑让这位投资者得以自立门户。在圣詹姆斯广场支持伍德福德他的 18 年里——包括他在景顺基金的那段时间，他都是模范投资经理。他的逆周期投资获得了丰厚的回报，他对不受欢迎但有利可图的企业的承诺让圣詹姆斯广场的富裕客户获得了稳定的收入。但最后几年是一场彻底的灾难。当马克·丹皮尔都对伍德福德心存疑虑时，圣詹姆斯广场仍然相信他没有失去选股的能力；相反，他只是陷入了厄运的泥沼。这家财富管理公司一直很精明，坚持将客户的基金与伍德福德的主要基金分开管理，以确保自己不会陷入该基金管理公司的流动性陷阱。圣詹姆斯广场还很早就意识到伍德福德缺乏挑选科技初创企业的技能或专业知识，因此其投资委员会限制他只能投资英国的大中型上市公司。当圣詹姆斯广场最终剥离其业务时，伍德福德不应该感到惊讶，因为这家财富管理公司在五年前就曾无情地结束了与景顺基金的长期合作。

伍德福德的垮台恰逢圣詹姆斯广场的顾问为达到苛刻的销售目标而进行奢侈奖励的丑闻被曝光。然而，这家财富管理公司的客户似乎并不在意。2019 年，圣詹姆斯广场的资产实际上增长了近四分之一，该公司表示将取消倍受批评的"游轮和袖扣"奖励计划。该集团首席执行官安德鲁·克罗夫特（Andrew Croft）的奖金被圣詹姆斯广场董事会从 49.8 万英镑减为 31 万英镑。董事会表示，他们已经"反思了这一年发生的关键事件，包括针对该公司的某些批评，以及从伍德福德投资管理公司转移授权的决定。"但是，董事们没有澄清他们认为解雇伍德福德是好事还是坏事。

丹皮尔并不是伍德福德多年来唯一的拍马屁者——他只是最响亮的，并且给出了最阿谀的个人支持。其他几十位著名的投资评论员赞扬了这位名人选股大师在亨利镇的美好时光，并不遗余力地怂恿景顺基金的客户转向他的新公司。全国各地的财务顾问也兴高采烈地说服他们的客户追随这位伟大的投资大师。伍德福德在景顺基金令人艳羡的表现，使独立财务顾问对他产生了浓厚的兴趣，许多人喜欢在亨利帆船赛的香槟狂欢中与伍德福德亲密接触。伍德福德是投资咨询市场最接近演艺界的人。

金融媒体还帮助提升了伍德福德成为"英国的沃伦·巴菲特"和"无法停止赚钱的人"的声誉。他在新千年的前两次重大市场崩盘中幸存下来，每次都坚持己见，拒绝随波逐流。与典型的固执己见的基金经理不同，伍德福德并不害怕在采访中说出自己的想法。他经常对自己投资的公司的老板进行长篇大论的抨击，这成了他的精彩故事。伍德福德对跑车、炫目的手表和齐柏林飞艇音乐的热爱，给他带来了一种摇滚明星的形象，这在古板的金融界是罕见的。他在办公室内外的行为被宣扬得远远超出了商业版面。记者们会激烈地争夺对伍德福德的采访机会，成群结队地参加他的年度新闻发布会，关注他的每一个字。他投资的企业也因为他的关系而受到媒体的极大关注，每天都有以"伍德福德支持的公司……"为开头的标题出现。但是，当他的职业生涯进入低谷时，新闻媒体马上就把他打倒了，比他们吹捧他的速度要快得多。

虽然在尼尔·伍德福德壮观的崛起和衰落中，演员阵容庞大且多种多样，但主角是这位同名的反英雄本人。伍德福德在为景顺基金工作的 26 年里，之所以能成为英国最知名的选股人，是因为他做出了三个重大的反直觉判断：在其他选股人都因潜在的破坏性诉讼而望而却步时，他投资了香烟制造商，在互联网泡沫破裂前避开科技股，在金融危机前避开银行。伍德福德在这些大胆的赌注中胜出后所得到的赞誉，进一步增强了他对自己投资能力的信心。当他离开亨利镇的时候，他已经被傲慢冲昏了头。

他在开始牛津的新事业时所做的决定，在五年后使他走上了毁灭之路。以伍德福德的名字命名企业意味着这个企业总是一个人的表演，他的权威至高无上。这有助于形成一种文化，即任何敢与伍德福德和他的伙伴纽曼作对的人在公司里几乎没有前途。在监管问题上缺乏挑战是非常不健康的。这对伙伴通过每年数百万英镑的股息为自己提取利润，同时向员工支付固定工资，巩固了自己的权威。

伍德福德通过招募那些自身的企业依靠他支持的高管，确保了耐心资本董事会对他的忠诚。伍德福德被誉为基金经理中促进健全公司治理和限制高管薪酬的典范。但他在管理自己的企业和个人银行账户时，忘记了这些原则。

尽管伍德福德创办自己的公司的部分原因是他想要更多地投资于私营企业，但这个新的企业却吸引了大量散户投资者，他们中的许多人对投资这种有风险的企业知之甚少，也没有兴趣。股票收益基金的设计旨在模仿伍德福德在景顺基金旗下广受欢迎的收益和高收益基金，以吸引尽可能多的前追随者。但是在令人振奋的头几年里，随着现金的大量涌入，伍德福德将大量资金投入了研究不足的私人公司，这些公司的困境最终导致了他的破产。当形势最终逆转，投资者开始要求收回他们的资金，导致不可避免的流动性陷阱时，伍德福德没有尽早采取积极的行动——比如承受一些私营企业的销售损失来平衡账目——伍德福德对此持反对态度。他拒绝出售自己珍视的初创企业，即使这些企业所占比例已接近流动性限制。困境越是凸显，伍德福德的决心就越坚定。他经历过两次危及职业生涯的困境——他相信这次也不会有什么不同。随着交易网络的关闭，伍德福德的选择越来越少，他尝试了他能做的一切——尤其是根西岛上市和耐心资本的资产互换。

归根结底，伍德福德最大的失败是他没能挑选出有实力的公司并将其坚持住。他的选股能力曾推动他成为明星——但在他经营自己公司的这些年里，正是这种能力导致了失败。长期以来，一些行业分析师一直怀疑，尽管他擅长做出重大的行业预测与判断，但他很难在行业内，尤其是初创企业中找出表现出色的个体。这意味着，当涉及未上市公司时，每一个潜在的赢家——比如牛津纳米孔公司，其脱氧核糖核酸（DNA）分析技术是第一个对新型冠状病毒（Covid-19）进行测序的公司——都有一堆无用的东西。即使是伍德福德职业生涯大部分时间都在投资的上市公司，他在最后几年的业绩也很糟糕。投资数据提供商 Stockopedia 的一项分析发现，在 2016 年股票收益基金持有的 72 家公司中，到 2019 年 10 月该基金关闭时，只有 19 家公司产生了正回报。在这些公司中，除了四家，伍德福德已经全部卖掉。在那段时间里，53 家公司市值缩水，伍德福只卖了 13 家。他犯了一个典型的投资者错误：持有亏损股票，卖出上涨股票。

事实证明，伍德福德留在股票收益基金的未上市公司股票很难转移。在过去的六个月里，PJT 合作伙伴努力让有兴趣的公司来收购 7 亿英镑的一篮子私人公司。但是，对于受困的投资者来说，WG 合作伙伴（WG Partners）带来了一线曙光，这是一家专门从事科学投资的精品投资银行。它郑重承诺收购 15 家公司，价值约 5 亿英镑。包括牛津纳米孔公司和仁爱人工智能在内的这些行业中的精英。WG 合作伙伴与 PJT 合作伙伴就出售事宜进行了独家谈判，但由于 WG 合作伙伴未能在商定的最后期限拿出现金，谈判于 2020 年 2 月破裂。PJT 合作伙伴的出售过程又回到了起点。

WG 合作伙伴交易的失败引起了伍德福德的注意，他刚满 60 岁，自从他的生意崩溃以来一直保持低调。此前有几家投资集团对收购这些未上市股票试探性地表现出了兴趣，开始给伍德福德的科茨沃尔德乡间小屋里打电话。他们想了解他对这些企业的看法以及他认为这些企业值多少钱。伍德福德和纽曼察觉到市场的需求，开始联系一些财富管理公司和机构投资者，并提出了成立凤凰基金的想法，目标是财力雄厚的投资者，当然不是被困在股票收益基金中的散户投资者。他的想法是为一个新工具筹集资金，该工具可以廉价回购未上市股票，他将为他的新财富支持者管理这些股票。伍德福德和纽曼正计划着卷土重来——但他的前投资者将再一次蒙受损失。

最终，PJT 合作伙伴和林克设法找到了一个买家，并在 2020 年 7 月将 19 个未上市公司股份出售给了一家名为阿卡西亚研究（Acacia Research）的美国专业投资集团，筹集了 2.24 亿英镑。但对受困的股票收益基金投资者来说，还有一件令人头疼的事：阿卡西亚研究在几天内成功抛售了数只股票，赚取了数千万美元的利润——股票收益基金的投资者错过了这些收益。2020 年 9 月，林克透露，被套牢的投资者至少在一年内不太可能收回全部资金。

从梅登黑德语法学校毕业近 25 年后，伍德福德的同班同学尼克·斯坦（Nick Stein）开始注意到他幼时的朋友在职业上的卓越声誉。自从上了不同的大学后，两人就失去了联系。斯坦拥有了他的老朋友伍迪曾经梦想过的那种职业。他加入了英国皇家空军，最终成为一名飞行教练。15 年来，他在福克兰群岛和海湾地区服役，为埃塞俄比亚的饥荒提供救济，并支持联合国维和任务。离开部队后，他成了一名商业飞行员。2003 年，斯坦参加了一次飞行模拟，另一名飞行员告诉他，他把大部分养老金投资给了一位非常成功的基金经理，名叫尼尔·伍德福德，他在景顺基金工作。

斯坦做了一些研究，咨询了他的独立财务顾问，并决定加入散户投资者的行列，把他的储蓄委托给伍德福德。"我在他那里投入了相当多的钱——不仅因为他是我尊敬的老朋友，还因为我赞同他的做法。"斯坦回忆道。几年来，他的前同学一直在履行职责。因此，当伍德福德在十多年后成立自己的新公司时，斯坦再次投资了他的基金。这位飞行员对耐心资本特别感兴趣，他认为这很有意义，并乐于将自己的部分储蓄进行长期投资，希望有一两个投资项目能获得回报。他在基金里投资了几千英镑——不是他的毕生积蓄，而是他为使退休生活更舒适而存起来的钱。斯坦只是成千上万英国储蓄者中的一员，他们因伍德福德的轰然倒塌而承受着巨大的损失。"我很想和他坐下来喝杯啤酒。"斯坦说，"我只是想知道出了什么问题。"

并不是所有伍德福德的受害者都能如此轻松地脱身，也不是所有的受害者都能如此乐善好施。德文郡一家提供住宿和早餐的旅店老板波琳·斯内尔森的生活质量已经被伍德福德对自己储蓄不计后果的管理彻底毁掉了。在托付给他 5 万英镑之后，她不得不接受这样一个事实：她将幸运地看到一半的钱能回来，并将在未来许多年里工作。"由于他的原因，我没有退休的希望。我已经 67 岁了，完全被惹怒了。"这位通常很矜持的三个孩子的祖母说。"我不明白他是怎么侥幸逃脱的。这非常令人难以置信。"

斯内尔森的合伙人弗雷德·希斯考克在自己尝试炒股赔钱后，向伍德福德投资了 2.5 万英镑。他了解到伍德福德在互联网泡沫期间避开科技股，在金融危机爆发前避开银行股。他相信这位基金经理很精明，有令人欣慰的长期前景。希斯考克也被伍德福德的基金所吸引，因为他想投资那些对世界有益的企业。他特别喜欢伍德福德支持那些专注于寻找中风和癌症治疗方法的公司，他对这两种疾病有亲身体验。但他对伍德福德基金的多年投资改变了这一切。"我以为他知道自己在做什么，但他显然没有对这些公司做任何尽职调查。"希斯考克说，"这家伙是个赌徒。他过去是幸运的，但这次不是。而我们才是受苦的人。"

尤其令斯内尔森和希斯考克恼怒的是，伍德福德在管理不善的情况下积累了大量财富。伍德福德在 2017 年以 640 万英镑现金购买了一套六卧室的豪华度假屋，距离斯内尔森在索尔科姆的家庭旅馆只有几条街，她在新冠肺炎封锁期间一直努力维持着这家家庭旅馆。而解封之后，伍德福德添置了一个昂贵的热水浴缸，并在海湾买了一艘巨大的游艇。"最糟糕的事情是住在这里，知道他那座价值数百万英镑的房子离这里只有几分钟的路程。我每天都会经过它。"斯内尔森补充说。"他此刻正驾驶着自己的游艇，在外面沐浴着阳光呢。"

"我相信做这种事情的人都是罪有应得。这就是我的看法：我相信他最终会遭到报应的。"

# 致　谢

　　这本书的起源是 2019 年 6 月一个疯狂的星期，当时尼尔·伍德福德的帝国坍塌了，他的职业生涯的崩溃成为当年英国最大的商业新闻。英国《金融时报》从各个角度报道了这个关于傲慢与失败的迷人故事。首先我要感谢我当时的老板彼得·史密斯，他负责《金融时报》对这一丑闻的报道，并在 2019 年全年与我一起开展了一系列的独家报道。我们的故事得到了《金融时报》勤奋的同事们补充和加强，尤其是凯特·贝奥利（Kate Beioley）、克里斯·弗勒德（Chris Flood）、西沃恩·里丁（Siobhan Riding）、阿塔拉·穆尼（Attracta Mooney）、卡罗琳·宾汉姆（Caroline Binham）、卡迪姆·舒伯（Kadhim Shubber）、罗伯特·史密斯（Robert Smith）和杰米·鲍威尔（Jamie Powell）。我们所有人都被我们的编辑——主要是汤姆·布雷斯韦特（Tom Braithwaite）、马修·加拉汉（Matthew Garrahan）、理查德·布莱克登（Richard Blackden）和沙琳·戈夫（Sharlene Goff）劝说或强迫——他们对更多故事探究的欲望和对"明天的大事件会是什么"的每日要求是没有界限的。还要感谢时任《金融时报》主编的莱昂内尔·巴伯（Lionel Barber），他在这个故事报道的几个月前就发现了它的重要性，并确保编辑部的每个人都知道这是一个优先事项和一件大事。

在写这本书的时候，还有很多其他同事提供过帮助。我非常感谢帕特里克·詹金斯（Patrick Jenkins）、詹姆斯·拉蒙特（James Lamont）和托比亚斯·巴克（Tobias Buck），是他们的鼓励让我从事这个项目，并给我提供了这样做的很多支持。我也要感谢乔纳森·格思里（Jonathan Guthrie）和大卫·奥克利（David Oakley），他们在伍德福德职业生涯的不同阶段都对他进行过密切报道，并阅读了本书早期的草稿。他们的见解和反馈是非常宝贵的。2019年夏天，英国《金融时报》内部律师奈杰尔·汉森（Nigel Hanson）帮助我度过了一些令人不安的时刻。我还想正式感谢《金融时报》的两位无名英雄——彼得·齐克（Peter Cheek）和巴芙娜·帕特尔（Bhavna Patel），他们管理着图书馆并提供了至关重要的研究服务，为我们的报道提供了重要支撑。

在本书中，我参考了《金融时报》报道范围之外的重要故事或采访。特别是一位记者，《城市连线》的丹尼尔·格罗特，他负责揭露了根西岛的许多操纵方式。我还参考了几本书，为伍德福德早年的职业生涯提供历史背景。戴维·凯纳斯顿（David Kynaston）的《伦敦金融城》（*City of London*）系列丛书内容全面，是任何对20世纪80年代"一平方英里"感兴趣的人的第一选择。比尔·凯（Bill Kay）的《大爆炸》（*The Big Bang*）是对同一时期的通俗易懂的描述。我特别感谢比尔阅读了前面的章节，并慷慨地给出了反馈。伊恩·马丁（Iain Martin）的《崩溃，爆炸，冲击：伦敦大爆炸和一场改变世界的金融革命的内幕》（*Crash，Bang，Wallop*）从三十年的演变历程揭示了大爆炸带来的巨大变化，提供了有用的视角。《金融时报》前主编杰弗里·欧文和迈克尔·霍普金斯（Michael Hopkins）

撰写的《科学、国家和城市》（*Science, the State, and the City*）是对英国投资部门和生物技术产业之间存在问题的联姻的权威研究。

本书的大部分内容基于对多年来与伍德福德共事或关系密切的数十人的采访。有些人很乐意在记录中被引用，但也有许多人愿意保持匿名，这是可以理解的。我要感谢所有牺牲了自己宝贵时间和我交谈并分享他们见解的人——特别是肯特郡议会的克莱尔·巴里·刘易斯（Cllr Barry Lewis）议员，他的见解超出了我的预期。但最重要的是，我感谢受害者本人，特别是波琳·斯内尔森和弗雷德·希斯考克。谢谢你们分享自己的故事——我希望你们能够有自己计划的退休生活，并努力工作。

我的经纪人，Aevitas 公司的托比·蒙迪（Toby Mundy），在设计这本书的过程中发挥了重要作用。我在企鹅兰登书屋（Penguin Random House）的编辑莉迪亚·亚迪（Lydia Yadi）和西莉亚·布祖克（Celia Buzuk）对初稿提供了新的观点，极大地提高了终稿的质量。Simons Muirhead & Burton 律师事务所的马丁·索姆斯（Martin Soames）提出了一些重要问题，并提供了律师方面的担保。特雷弗·霍伍德（Trevor Horwood）严密的文字编辑和一丝不苟的事实核查使本书得到了很大的改进。我也深深感谢我的父亲约翰·沃克，他中断了自己一本新书的工作，通读了我的书稿，并给我讲解了公共管理的细微之处。

最后，我要感谢我的妻子莎拉（Sarah），没有她，这一切都不可能实现。感谢我的儿子亚瑟（Arthur）和阿尔比（Albie），在封锁期间长达数月的写作和编辑工作中，他们给我带来了非常必要的消遣与快乐。这本书是献给他们的。

Woodford IM indicates Woodford Investment Management.